Personajes notables de la historia de Inglaterra

La vida y el impacto de los personajes más importantes de Inglaterra a través de los siglos

Índice de contenidos

Introducción

La historia es una compleja narración de acontecimientos que se encadenan unos a otros, pero también es una narración impulsada por un sinfín de personajes y sus decisiones. A veces, el destino cumple su rol, pero incluso cuando esto sucede, los seres humanos son quienes determinan el curso de los acontecimientos a través de la forma en que responden al destino. La historia ha sido testigo de muchos grandes hombres y mujeres que han tomado decisiones o perseguido objetivos y han alterado irreversiblemente la cadena de acontecimientos. Muchas de estas personas eran inglesas o estaban relacionadas de algún modo con Inglaterra.

El reino inglés, pequeño en comparación con otros, y las monarquías unificadas que ha engendrado a lo largo de los siglos han afectado de forma espectacular al curso de la historia en muchos aspectos, como la ciencia, la política, el arte y mucho más. Un papel tan destacado en la historia conlleva inevitablemente ciertas controversias, pero es innegable que Inglaterra ha dejado una enorme huella en el curso de la humanidad, y sería difícil imaginar la historia sin esta nación. Esa huella incluye muchos acontecimientos monumentales, descubrimientos, inventos e innovaciones, sin los cuales el mundo de hoy sería completamente diferente.

Muchos personajes han desempeñado papeles importantes en esta historia y explorar sus vidas y el contexto en el que vivieron es una de las mejores maneras de comprender la azarosa historia de Inglaterra. Las historias de estos importantes personajes también son las historias de un país relativamente pequeño, que comenzó siendo una lejana provincia romana y se convirtió en una de las mayores potencias marítimas de la exploración y la conquista. Lejos de ser un relato de su expansión física, la historia de Inglaterra es también una historia de ingenio, progreso, filosofía y dominio cultural hasta bien entrada la Edad Moderna.

Este libro se sumerge en la vida y el legado de las figuras más notables de la historia inglesa, como gobernantes medievales, inventores, literatos, filósofos, líderes de guerra y artistas, entre otros. Cuando se comprenden estos legados eternos a través de la historia de los personajes que los propiciaron, resulta más fácil ver cómo el paisaje social, cultural, científico y político de Inglaterra se ha ido configurando a lo largo de siglos de acción humana. Inglaterra ha sido una de las civilizaciones más influyentes del último milenio y estudiar su historia es, en muchos sentidos, estudiar la historia del mundo.

Centrarse en la vida y obra de las figuras más notables, en un relato exhaustivo más fácil de digerir, ayuda a condensar lo que de otro modo sería una historia larga y compleja. La historia de los humanos de las islas británicas data de cientos de milenios, en la prehistoria, pero para comprender el papel de Inglaterra en la configuración del mundo actual, basta retomar la historia desde la Edad Media. Esta es la época en la que la mayoría de las grandes potencias europeas comenzaron a evolucionar hacia su forma actual, surgiendo del caos que sobrevino tras la caída del Imperio romano de Occidente. La expansión y el dominio romano en Gran Bretaña se cita a menudo como un punto importante en el desarrollo temprano de Inglaterra, pero los siglos que siguieron fueron la época en la que Inglaterra tomó su camino único.

Capítulo 1: Guillermo el Conquistador y Enrique II: los cimientos de una nación

Como otros lugares del mundo que ahora están circundados por agua, Inglaterra fue poblada por homínidos anatómicamente modernos durante la última glaciación, hace entre 11.000 y 13.000 años. En aquella época, la bajada del nivel del mar permitió el paso por tierra a las islas británicas, que estuvieron unidas a la Europa continental aproximadamente hasta el año 6.500 a. C. Sin embargo, los primeros rastros de presencia homínida son mucho más antiguos, posiblemente de hace unos 800.000 años. En aquella época, los pobladores no eran permanentes y Gran Bretaña pasó por periodos de abandono, probablemente debido a las duras condiciones climáticas.

Julio César intentó conquistar Gran Bretaña y fracasó[i]

Los primeros intentos de los romanos por asentarse en Britania se remontan a los años 55 y 54 a. C., en el marco de las guerras galas de Julio César. Las expediciones de César no lograron consolidar el control romano en Gran Bretaña, pero allanaron el camino para conquistas posteriores y fueron un episodio importante en la historia británica. Como resultado de estas conquistas, se introdujeron nuevos bienes y se difundió el comercio, que enriqueció a los gobernantes locales de los bordes meridionales de Britania. Las invasiones romanas se reanudaron seriamente bajo el mando del emperador Claudio, en el año 43 d. C. Tras un prolongado periodo de disputas territoriales entre Roma y los nativos británicos, las fronteras romanas en Britania se solidificaron con la construcción del Muro de Adriano, que se inició en el 122 d. C. y tardó unos seis años en terminarse. El muro, que se extiende a lo largo de ochenta millas, está situado cerca de la actual frontera entre Inglaterra y Escocia.

Los primeros pueblos que se consideraban ingleses eran descendientes de pueblos germánicos llegados a Gran Bretaña desde el norte de Europa, sobre todo durante las migraciones anglosajonas. Los anglosajones, un conjunto de tribus germánicas, trataron de llenar el vacío dejado por el colapso del dominio romano, y se consolidaron en diversas zonas de Gran Bretaña a partir del siglo V. Siguieron siglos de conflictos entre tribus y luchas con los británicos autóctonos, que marcaron el origen y la caída de numerosos reinos y finalmente llevaron a la génesis de la nación inglesa.

Precisar el momento en que una nación empieza a percibirse a sí misma como tal es una tarea polémica. La formación de la identidad nacional de Inglaterra, en el sentido más amplio, puede considerarse un largo proceso engendrado por el conflicto y la fusión entre dos grupos primarios. El primer grupo, al que hoy se conoce colectivamente como anglosajones, debido a su identidad común, incluía principalmente a los anglos, sajones, jutos y frisones.

Cuando estas tribus germánicas se asentaron, expandiendo y consolidando su dominio en el sur de Gran Bretaña, entraron en contacto con los locales. Se trataba principalmente de celtas, que a esas alturas ya habían absorbido las influencias romanas. Lo más probable es que la mayor parte del proceso de asentamiento se produjera entre mediados del siglo V y principios del VII. Los colonos germánicos cambiaron radicalmente el panorama lingüístico y cultural de lo que más tarde se convertiría en Inglaterra, pero también absorbieron la influencia romano-británica en el proceso. Todos estos procesos contribuyeron finalmente a la aparición de una nueva identidad inglesa, especialmente tras la unificación de Inglaterra, a principios del siglo X, gracias a Eduardo el Viejo y a su hijo Athelstan.

Guillermo el Conquistador

Desde los inicios del dominio anglosajón en Inglaterra, había otros con la mirada puesta en las islas británicas. La conquista normanda, en el siglo XI, fue un punto importante de inflexión en la historia inglesa temprana, que afectó dramáticamente el curso histórico del reino. Guillermo de Normandía desempeñó un papel fundamental en estos acontecimientos. De hecho, este extranjero fue uno de los gobernantes más importantes del siglo XI, llamado Guillermo el Conquistador no por sus conquistas en favor de Inglaterra, sino por su conquista de esta.

El joven duque normando Guillermo II

Guillermo, también conocido como Guillermo el Bastardo, nació hacia el 1028 en Falaise, Ducado de Normandía, como hijo ilegítimo de Roberto el Magnífico y su concubina, Herleva. Aunque era hijo reconocido del duque de Normandía, su educación conllevó numerosas dificultades. Cuando llegó el momento de suceder a Roberto I de

Normandía, Guillermo era joven e ilegítimo, por lo que su ascensión resultó problemática. La situación era aún más complicada debido a la inestabilidad del estado normando y la presencia de varios aristócratas que competían por ganar influencia sobre el joven Guillermo y sobre el reino.

Los normandos procedían de los vikingos invasores que se habían asentado en el norte de Francia hacia el 911, cuando Rollo, el primer gobernante de estos colonos nórdicos, recibió tierras del rey franco Carlos el Simple. Guillermo, al igual que su padre, era descendiente de Rollo y su linaje procedía de los vikingos que habían llegado a Normandía más de un siglo atrás. Rollo fue el primero de los vikingos en aceptar una conversión religiosa y jurar lealtad al rey franco, por lo que cuando Guillermo nació, los normandos ya se habían asentado en su nueva patria.

Guillermo el Conquistador[3]

Aunque Guillermo no era un niño nacido dentro del matrimonio, su madre era una mujer bien acomodada, cuyo padre era un comerciante de éxito con conexiones políticas. Herleva tuvo otros dos hijos, hermanastros de Guillermo, que también desempeñaron importantes funciones políticas y religiosas en la región. Guillermo contrajo matrimonio entre el 1050 y el 1053. Su esposa era Matilde de Flandes, descendiente de la poderosa Casa de Flandes, cuyo condado desempeñó un destacado papel en los Países Bajos hasta finales del siglo XVIII.

Como hija del conde de Flandes y sobrina de Enrique I de Francia, Matilde era una mujer poderosa, y su matrimonio con Guillermo consolidó una poderosa alianza en la región. También fue un matrimonio fructífero para Matilde, que no solo se convirtió en duquesa de Normandía y reina de Inglaterra, sino que dio a luz cuatro hijos y cuatro o cinco hijas, según distintas fuentes.

A pesar de su juventud, Guillermo era descrito por sus contemporáneos como un gobernante formidable. Un relato especialmente halagador procede de Guillermo de Poitiers, sacerdote normando y cronista de la conquista normanda de Inglaterra. Describe a Guillermo como un poderoso jinete que podía enfrentarse hombro con hombro a cualquier adulto, poseedor de una gran fuerza, una aguda mente militar y una gran pasión por la justicia. Está claro que Guillermo de Poitiers sentía afinidad por el joven duque, pero su relato idealizado se basaba probablemente en verdades evidentes en la época, dado que el sello del gobernante era un jinete.

La carrera política del duque ilustra claramente que no solo era experto en el combate y la estrategia militar, sino también en maniobras políticas, administración y mucho más. Otro dato de la vida de Guillermo es que era un ávido cazador y conservacionista, lo que se reflejó en sus políticas, tanto en Normandía como en Inglaterra. Aplicó leyes estrictas en materia de silvicultura y caza, haciendo todo lo posible para combatir la caza furtiva.

Guillermo tenía apenas entre siete y ocho años cuando su padre, Roberto, murió en Anatolia, en el año 1035. A pesar de su nacimiento ilegítimo, la pretensión de Guillermo de convertirse en el nuevo duque de Normandía fue facilitada por las gestiones públicas de su padre para convertirlo en su heredero. Roberto también se aseguró de obtener por adelantado los juramentos de lealtad de sus barones subordinados, obligándolos a respetar sus deseos. Sin embargo, algunos aristócratas tenían otros planes, y Normandía se sumió en una guerra civil cuando el tutor del joven duque, Gilberto de Brionne, fue asesinado en el año 1040.

El duque Guillermo II, como se le conocía en Normandía, tardó años en someter a los barones rebeldes y tomar el poder. Su éxito se debió en gran parte al apoyo político y militar de sus poderosos aliados, entre los que destacaba Enrique I, rey de los francos de aquella época. Solo en el 1047 Guillermo y sus aliados pudieron asestar un golpe decisivo a los rebeldes, aunque la lucha continuó durante varios años antes de que la región recuperara una cierta estabilidad.

Guillermo creció en guerra constante y esto lo convirtió en una figura militar amenazante y en uno de los estrategas militares más renombrados de Europa en la época. Esa educación también lo hizo despiadado; el duque rara vez rehuía a la brutalidad y al terror para mantener a raya a sus enemigos.

Conquista y dominio de Inglaterra

En la década de 1050, Guillermo y el Ducado de Normandía habían alcanzado un poder sin precedentes. Algunos de los nobles que antes lo apoyaban empezaron a mirar a Guillermo con desconfianza y temor. El principal de ellos era Enrique I, rey de los francos. Enrique unió sus fuerzas con las de otros aristócratas que consideraban que debían frenar el creciente poder de Guillermo, entre ellos su tío, Guillermo de Arques.

Sin embargo, nada de esto fue suficiente para derrotar al duque, que se impuso a todos sus contendientes locales y a las fuerzas de toda Francia, reunidas por el rey. Tras fracasar en su intento por controlar a Guillermo, el rey murió en el año 1060 y fue sucedido por su hijo, menor de edad. El tutor del muchacho no era otro que Roberto de Flandes, suegro de Guillermo. Con este poder sin control y los contendientes de Normandía y sus alrededores pacificados, Guillermo pudo poner su mirada al otro lado del agua.

La decisión de cruzar el canal de la Mancha y conquistar Inglaterra era impulsada por su pretensión de reclamar el trono inglés, que en aquel momento era inestable y estaba muy disputado. Otros hombres ambiciosos reclamaban lo mismo, pero los reclamos de Guillermo se basaban en relaciones familiares. En particular, hizo hincapié en su parentesco con Eduardo el Confesor, que había gobernado Inglaterra entre el 1042 y el 1066 y era nieto del conde Ricardo I de Normandía, bisabuelo de Guillermo. Guillermo y sus partidarios normandos empezaron a difundir el rumor de que Eduardo le había prometido verbalmente a Guillermo que sería su heredero.

Independientemente de si esa promesa se hizo o no, Eduardo nombró como heredero a un líder militar anglosajón, Harold Godwinson, en su lecho de muerte en 1066. Guillermo también tenía otros obstáculos. Por un lado, el duque de Normandía era vasallo del rey de Francia, por lo que Guillermo no tenía autoridad para organizar una campaña militar de tal envergadura, por muy poderoso que fuera su ducado dentro del reino. Dejando a un lado la política, tal empresa requería un enorme ejército, compuesto por fuerzas de toda Francia, y necesitaba el apoyo de muchos barones, si no del propio rey.

Los barones, de todas formas, podían ser seducidos y comprados con grandes promesas de botín y poder si la invasión tenía éxito. Gracias a una hábil política y a su temible reputación, Guillermo reclutó poco a poco a un buen número de nobles para su causa. También obtuvo la bendición del papa para invadir, gracias al conflicto del papado con el arzobispo de Canterbury en Inglaterra. Con los vientos religiosos, militares y políticos a su favor, Guillermo comenzó los preparativos durante el verano de 1066, pocos meses después de que Harold II Godwinson fuera coronado rey de Inglaterra.

La invasión comenzó en un momento oportuno, porque Harold II había tenido que luchar contra una invasión noruega algunas semanas antes de que Guillermo desembarcara en Sussex, el 25 de septiembre de 1066. La fuerza de la invasión inicial no contaba con más de 8.000 hombres, de los que aproximadamente una cuarta parte eran soldados de caballería. El tamaño del ejército inglés que salió a su encuentro es difícil de determinar, pero es probable que no fuera mucho mayor, debido al desgaste de la lucha contra los noruegos. El momento decisivo de la invasión se produjo durante la batalla de Hastings, el 14 de octubre, que enfrentó a la infantería anglosajona con las cargas de caballería y los arqueros de Guillermo.

El curso de la batalla fue incierto en algunos momentos. Según los relatos ingleses, la infantería de Harold II consiguió infligir importantes pérdidas a las unidades de caballería normandas que, en un momento dado, incluso emprendieron la huida. Las habilidades militares de Guillermo y su ejemplar liderazgo le ayudaron a devolver las unidades a la batalla y, con el apoyo de sus arqueros, emprender múltiples ataques devastadores contra los ingleses. El duque normando también utilizó tácticas, como las retiradas fingidas, para atraer a la infantería inglesa hacia las zonas más peligrosas del campo de batalla. Al final, Guillermo el Conquistador salió victorioso, infligiendo numerosas bajas a los defensores y matando a Harold II. Luego, esperó refuerzos de Normandía y se dirigió a Londres con un ejército fresco y equipado. Allí, fue coronado como Guillermo I de Inglaterra, en la Navidad de 1066.

El trabajo estaba lejos de estar completado; el hombre más poderoso a ambos lados del canal tuvo que sofocar revueltas, que se prolongaron durante cinco años. Al igual que en Normandía, la represión implacable contra los rebeldes y la distribución estratégica de tierras y riquezas entre sus nobles leales dieron sus frutos. Así, Guillermo I pudo consolidar gradualmente su dominio sobre Inglaterra. También reorganizó el clero con la llegada de obispos normandos. Guillermo tuvo tanto éxito en el establecimiento de su administración, que pudo gobernar en su ausencia. A menudo regresaba a Francia en calidad de duque de Normandía y dejaba a otros a cargo de Inglaterra. Sus administradores de mayor confianza eran su hermanastro, Odo de Bayeux, y su íntimo confidente, William FitzOsbern, condes de Kent y Hereford, respectivamente.

Los años siguientes del gobierno de Guillermo como rey de Inglaterra y duque de Normandía estuvieron plagados de retos. Tuvo que someter a nobles rebeldes y repeler incursiones extranjeras en ambos reinos, cosa que hizo con éxito hasta que su suerte se acabó en el año 1077, cuando sufrió una derrota en Bretaña. Incluso su hijo mayor, Roberto, se rebeló contra él poco después, provocándole nuevas derrotas y demostrando que era tan experto en la guerra como su padre. Luego se reconciliaron, y Roberto ayudó a repeler las incursiones escocesas en Inglaterra, en 1079.

Uno de los mejores testimonios de las habilidades de Guillermo como administrador es el *Libro de Domesday*, un documento que contenía un meticuloso estudio de la propiedad de la tierra en toda Inglaterra. La atención a los detalles permitió establecer un sistema feudal más complejo que el que Inglaterra había visto antes de la dominación normanda, sembrando las semillas de un mayor desarrollo administrativo. La encuesta contenida en el *Libro de Domesday* fue un documento sin precedentes durante la Edad Media en cuanto a su detalle y meticulosidad. Se conserva hasta nuestros días como una de las piezas fundamentales del legado de Guillermo.

Guillermo el Conquistador murió el 9 de septiembre de 1087, en circunstancias poco claras, no se sabe si por una enfermedad o por una herida. La *Crónica anglosajona*, conocida por su postura antinormanda, describe a Guillermo como sabio, piadoso y más fuerte que sus predecesores. También destaca su inclinación por la justicia, su conducta amable con los virtuosos y su crueldad con sus enemigos.

Enrique II

El reinado de Enrique II, que duró entre 1154 y 1189, se produjo tras un periodo de luchas y guerras civiles conocido en la historiografía inglesa como «La Anarquía». Así nació, del caos y el desorden, una nueva dinastía y uno de los más grandes monarcas de Inglaterra. Antes y al principio del reinado de Enrique II, los conflictos por la sucesión asolaban tanto a Inglaterra como a Normandía. Enrique II fue capaz de instaurar una estabilidad que permitió al reino no solo consolidarse y desarrollarse, sino también influir en todo el mundo de manera significativa, en particular en lo relativo al Estado de derecho.

Enrique II°

Enrique de Anjou

Al igual que Guillermo el Conquistador, Enrique nació en el actual noroeste de Francia, concretamente en Le Mans. Nació como Enrique de Anjou, el 5 de marzo de 1133, heredando su título inicial de su padre Geoffrey, que era conde de Anjou. La madre de Enrique, Matilde, había adquirido el impresionante título de emperatriz tras casarse con Enrique V, emperador del Sacro Imperio romano germánico, fallecido en 1125. Matilde era también hija de Enrique I de Inglaterra, uno de los hijos de Guillermo el Conquistador. Se casó con Geoffrey en 1128, tras la muerte de su primer marido.

La familia de la que procedía Enrique II fue denominada por otros Plantagenet, y de ella nacieron varios reyes, entre ellos el propio Enrique II, Ricardo Corazón de León y el rey Juan. Como procedían de Anjou, estos monarcas también fueron conocidos como los angevinos, por lo que la dinastía que Enrique II estableció en Inglaterra pasó a llamarse Plantagenet-Angevino.

Enrique fue muy prometedor desde muy joven y recibió una educación que le permitió dominar múltiples idiomas. Lo describían como inteligente y apuesto, ambicioso y de gran espíritu. Lejos de ser solo un ratón de biblioteca medieval, Enrique también tenía una formidable presencia física y era feroz en cuerpo y en espíritu. Con su noble educación, sus numerosas bendiciones naturales y las ventajas de ser de alta cuna, el joven noble parecía destinado a la grandeza. Las tierras y títulos que heredó de su padre eran impresionantes, pero no eran más que la antesala de sus logros posteriores.

Aunque para entonces ya había saboreado la victoria y se había convertido en duque de Normandía, la vida de Enrique dio un giro significativo cuando se casó con Leonor de Aquitania, en 1152. Leonor se había casado anteriormente con Luis VII de Francia, pero el matrimonio fue anulado en 1152 por no producir herederos viables. Leonor era una mujer muy poderosa, que ya había adquirido una inmensa riqueza e influencia antes de casarse con el ambicioso duque normando. Sin embargo, era mucho más que una hábil política o gestora financiera; se dedicaba al arte, la literatura y mucho más. La influencia que ejerció sobre la Europa medieval fue realmente asombrosa, especialmente para una mujer, lo que la convirtió en una de las nobles más veneradas de la historia europea.

Con sus muchos dones, ambiciones y con una mujer tan poderosa a su lado, Enrique llegó a dominar la mayor parte de Francia, y pronto puso sus ojos en el trono inglés. Inglaterra era especialmente vulnerable en aquel momento, ya que sufría una crisis sucesoria, que se debía principalmente a la falta de herederos varones del rey Enrique I tras el fin de su reinado, en 1135. Enrique I esperaba que su hija Matilde tomara el trono, haciéndola su heredera y obligando a que sus nobles le prometieran lealtad.

El acuerdo se vino abajo rápidamente tras la muerte del rey, porque muchos barones no tenían intención de ser vasallos de una mujer, y menos de una de Anjou. Al poco tiempo, los nobles cambiaron su apoyo, convirtiendo a Esteban de Blois, un hombre de inmensa riqueza, en el siguiente rey de Inglaterra. Sin embargo, Matilde no renunció a su legítima herencia sin luchar, lo que provocó años de guerra civil. La nobleza inglesa se dividió entre Esteban de Blois y Matilde, y el conflicto fue muy variable para ambos bandos. La Anarquía se extendió aproximadamente entre 1138 y 1153, causando estragos en Inglaterra y haciendo que el reino estuviera listo para el momento en que el hijo de Matilde, Enrique, apareciera con su fuerza e influencia.

Enrique II de Inglaterra

Los primeros intentos de Enrique de intervenir militarmente en la guerra civil de Inglaterra, que comenzó en 1147, fracasaron. En el segundo intento, en 1149, consiguió incluso la ayuda de David I de Escocia, pero una vez más, las fuerzas invasoras fueron derrotadas por Esteban. Estaba claro que Enrique debía ser paciente y dedicar más tiempo a la formación de sus fuerzas si quería tener éxito, por lo que pospuso la tercera invasión hasta 1153. Esta invasión también se produjo en un momento de debilidad personal de Esteban, que estaba de duelo tras la muerte de su esposa.

Ya fuera por el agotamiento emocional de Esteban o por la astuta diplomacia de Enrique, el asunto se resolvió con negociaciones. Acordaron que Esteban seguiría siendo rey hasta su muerte, pero Enrique sería el heredero al trono. En general, el Tratado de Wallingford fue bien recibido por los nobles, que veían a Enrique como un hombre competente y un candidato adecuado. También estaban cansados de la guerra civil, como todo el mundo en Inglaterra. Enrique II fue coronado rey el 19 de diciembre de 1154 en la abadía de Westminster, introduciendo la unidad y la paz que habían faltado en

Inglaterra durante mucho tiempo.

Los años de anarquía habían llevado a Inglaterra al borde de la disolución, con muchos barones revoltosos que explotaban la debilidad del poder central para introducir sus propias monedas, expandirse a voluntad, imponer sus propias reglas al campesinado y construir castillos ilegalmente. La primera fase del reinado de Enrique II consistió en resolver estos problemas y restablecer el orden. Así inició uno de los aspectos más cruciales del reinado de Enrique II, que fue la reforma legal.

Estos esfuerzos se plasmaron en el *Assize de Clarendon*, un importante acto jurídico de 1166 que transformó el derecho inglés para siempre. Comenzó así la era del *Common Law*, que sustituyó sistemas obsoletos, como el juicio por batalla, por otros más razonables, como el juicio por un jurado de doce hombres. Los juicios debían celebrarse en tribunales dictados por la corona, también conocidos como *assize courts*. Estas reformas allanaron el camino para los sistemas jurídicos que se extendieron posteriormente por todo el mundo.

Enrique II también tuvo que restaurar la seguridad en las fronteras de Inglaterra, poniendo orden en los reinos vecinos que habían lanzado ataques oportunistas contra Inglaterra durante La Anarquía. Enrique logró esto con diplomacia, aplicando la fuerza militar solo cuando era necesario. La influencia de Inglaterra sobre los vecinos Gales, Escocia e Irlanda aumentó significativamente durante el reinado de Enrique II, y el papa reconoció el poder de la corona inglesa sobre la totalidad de Gran Bretaña e Irlanda.

Sin embargo, el fructífero reinado de Enrique II no estuvo exento de polémica. Uno de los peores incidentes de la vida de Enrique II fue el asesinato de Thomas Becket, su amigo, canciller y arzobispo de Canterbury. La ruptura de esta relación fue el resultado del creciente conflicto de Enrique II con la Iglesia, ya que Becket consideraba que el rey interfería en sus asuntos, la gravaba injustamente e intentaba ejercer el control estatal sobre la institución sagrada. Aunque Enrique II se había frustrado profundamente con Becket en 1170, el asesinato del arzobispo pudo haber sido el resultado de un malentendido entre Enrique y sus caballeros. El escandaloso asesinato, perpetrado mientras Becket rezaba en la catedral de Canterbury, causó conmoción en todo el reino y más allá.

La muerte de Becket puso al rey en apuros con el papa y sembró las semillas de rebeliones posteriores, especialmente las de sus hijos y su esposa Leonor, de la que estaba separado, que comenzaron a ser problemáticas a partir de 1173. La primera rebelión de ese año fue iniciada por el hijo mayor del rey, Enrique, y Leonor, que se aliaron con algunos nobles que guardaban rencor al rey por el asesinato Becket. Las ambiciones personales también jugaron su papel, y la lista de enemigos del rey creció hasta incluir a figuras tan influyentes como Sir William Marshal y Felipe II de Francia. Enrique II fue capaz de sofocar las primeras rebeliones, pero la década de 1180 trajo nuevos desafíos. Finalmente, se vio obligado a llegar a un acuerdo en 1189, haciendo concesiones al rey de Francia y nombrando sucesor en Inglaterra a su tercer hijo, Ricardo, que hasta entonces había sido desleal. El rey murió en el verano de ese año, rodeado de personas que lo habían traicionado.

Capítulo 2: Thomas Becket y Enrique VIII: iglesia, corona y conflicto

Hay algunos patrones que la historia de la humanidad sigue en todo el mundo. Sin embargo, las diferentes naciones también tienen sus particularidades, y muchas historias giran alrededor de temas comúnmente asociados a cada nación. Inglaterra tiene varios de esos temas; uno de ellos es el conflicto y la posterior ruptura de la monarquía con la Iglesia católica de Roma. El desafortunado enfrentamiento de Thomas Becket con Enrique II de Inglaterra fue un ejemplo inicial de estas fricciones. Sin embargo, en el

Enrique VIII'

reinado de Enrique VIII se dio la confrontación más famosa.

Thomas Becket

Thomas Becket fue una figura importante en la Inglaterra del siglo XII debido a las funciones políticas y clericales que desempeñó, pero fue su muerte lo que lo consolidó como una figura histórica significativa. Este legado adquirió aún más significado en los siglos posteriores y en el contexto de enfrentamientos más dramáticos entre Inglaterra y el papa. Si las cosas hubieran acabado con la muerte de Becket, quizá su vida habría sido solo un episodio histórico.

Sin embargo, el hecho y la forma de su muerte, junto con las repercusiones que tuvo por todo el país, se benefician inmensamente desde una perspectiva histórica. En medio de los acontecimientos posteriores a la Reforma y de otras luchas religiosas en Inglaterra, muchos historiadores y espectadores entendieron que la vida y la muerte de Beckett eran un presagio de las cosas que sucedieron siglos después. Hoy en día, el asunto de Becket parece un eslabón de la larga cadena de acontecimientos que precipitaron la ruptura definitiva entre Inglaterra y el papado.

El hombre del rey

Según diversas fuentes, Thomas Becket nació en 1118, 1119 o 1120, pero hay acuerdo general en que fue un 21 de diciembre, día de la festividad de Santo Thomas apóstol. También es conocido como Thomas de Londres y Santo Thomas de Canterbury, debido a su posterior veneración como santo y mártir de la Iglesia de Roma. Siglos más tarde, también fue venerado por la comunidad anglicana.

Thomas nació en el seno de una acaudalada familia de comerciantes de Londres, donde su padre hizo fortuna abasteciendo de vino a la corte real. Desde muy joven, creció en un ambiente de aprendizaje y grandes promesas, comenzando su educación en un monasterio perteneciente al Priorato de Merton, en Londres. Pasó poco tiempo en esta escuela, y lo mismo le pasaría luego en París, Bolonia y otros lugares.

Teniendo en cuenta el posterior conflicto de Becket con Enrique II y su dramático final, la carrera de Thomas comenzó en una dirección completamente diferente, incluso opuesta, a pesar de que comenzó a trabajar como empleado del arzobispo de Canterbury en 1146. Pocos años después, ascendió aún más en el escalafón y se convirtió en archidiácono. No se sabe mucho sobre el desempeño de Thomas Becket en estas funciones, pero sus éxitos pueden extrapolarse a partir del tipo de compañía que adquirió. Ya a principios de la década de 1150, Becket conoció al rey, y fue nombrado lord canciller a principios de 1155.

El cargo de canciller no tenía demasiado peso cuando Becket lo ocupó por primera vez, pero Enrique II, que ya era un buen amigo, le permitió dirigir las cosas como quisiera. Parece que Becket se encontró como en casa en su nuevo puesto y logró ampliar significativamente el papel, la influencia y la eficacia del cargo de canciller. No pasó mucho tiempo hasta que el cargo empezó a parecerse a lo que hoy en día es un primer ministro, ejerciendo una influencia significativa sobre otros ministerios del gobierno. A Thomas también se le confiaron los hijos del rey y con frecuencia fue tutor de Enrique el Joven y de otros nobles. La relación de amistad entre Thomas y Enrique II se extendió también a la vida personal, e incluso practicaban juntos sus aficiones, como la caza.

Durante esta primera etapa de su carrera, Thomas era la mano derecha del rey y cumplía sus órdenes, a menudo incluso perjudicando a la Iglesia, en contraste con su actitud posterior. En su cargo de canciller, Becket se aseguró de que la Iglesia pagara abundantes impuestos, que se utilizaban para financiar los esfuerzos bélicos de su rey. Por ello, adquirió una reputación bastante negativa en toda Inglaterra, especialmente entre el clero. No solo eso, sino que también se enriqueció, y no lo ocultó; llevaba un estilo de vida extravagante con muchos sirvientes, comida cara y otros lujos.

Parte de su riqueza se contaba en dinero, pero fue más significativa la gran cantidad de propiedades que se le concedieron como recompensa por su leal servicio al trono inglés. Incluso llegó a tener un ejército privado, formado por cientos de caballeros. Todas estas extravagancias e indulgencias fueron en gran parte olvidadas tras su muerte, ya que la vida de Becket dio un giro sorprendente en los últimos años.

Conflicto e indignación eterna

Es imposible saber con exactitud cuándo se plantaron las semillas de la duda en el interior de Thomas Becket, pero en algún momento, un cambio radical hizo que su vida y la de todos los que lo rodeaba dieran un vuelco. Cabe preguntarse hasta qué punto ese cambio fue radical o sincero, ya que Becket pudo haber cambiado de actitud conscientemente de acuerdo con su nuevo trabajo. De hecho, el enfrentamiento final fue el resultado de un importante error de cálculo de Enrique II, que decidió nombrar a Becket arzobispo de Canterbury en 1162.

En ese entonces, Enrique II se había propuesto reducir un poco el poder de la Iglesia y ejercer un mayor control estatal sobre el clero. Las leyes eran un tema especialmente candente entre la corona inglesa y la Iglesia romana, que exigía un alto grado de autonomía o independencia absoluta para hacer cumplir sus propias leyes en sus enormes extensiones de tierra. Enrique II no podía tolerar que se anulara por completo la autoridad del rey, y mucho menos que se transfiriera la autoridad al papa (que técnicamente era un centro de poder extranjero). A pesar de la separación entre Estado e Iglesia, el rey tenía el poder de nombrar al arzobispo de Canterbury, una importante autoridad clerical en Inglaterra. Enrique II no podía pensar en un hombre mejor para el cargo que Becket, que era un gran amigo y tenía un largo historial de mano dura contra la propia Iglesia.

Thomas Becket

Como arzobispo, Becket empezó siendo una figura controvertida entre el clero, porque conservaba gran parte de su anterior estilo de vida secular. Esto cambió al cabo de un año, cuando empezó a renunciar a sus lujos y a dedicarse a la religión, dejando también su cargo de canciller. Es imposible determinar si Thomas había experimentado un auténtico cambio de carácter o simplemente intentaba destacar en su nuevo trabajo, pero en poco tiempo se convirtió en un devoto protector de la Iglesia. Cuando Becket empezó a oponerse a los intentos del rey por reforzar el control del Estado sobre la Iglesia, Enrique II se dio cuenta de que el hombre que había nombrado para ayudarle a someter a la Iglesia se había convertido en su mayor protector.

A partir de ese momento, Enrique y Thomas se convirtieron en acérrimos rivales, de forma muy pública. Constantemente trataban de manchar la reputación del otro, difundiendo rumores, haciendo graves acusaciones de corrupción y mucho más.

Un paso importante en el conflicto se produjo en 1164, cuando Enrique II comenzó sus reformas legales masivas en Inglaterra y aprovechó la oportunidad para recortar la independencia de la Iglesia tanto como pudo. Thomas Becket se resistió a estos intentos y se negó a jurar lealtad, pero carecía del apoyo del resto del clero. Enrique II era un monarca poderoso y muchos religiosos se dieron cuenta de que era el momento de hacer concesiones. Con este panorama, Becket fue considerado oficialmente en desacato a la corona y obligado a huir de Inglaterra, estableciéndose en Francia. Todas sus propiedades fueron tomadas por el estado.

El rey esperaba que este exilio fuera el final del calvario, y así fue durante seis años. Becket regresó a finales de 1170 gracias a la iniciativa del papado. A su regreso, él y Enrique parecieron haberse reconciliado durante un breve periodo, pero nada había cambiado fundamentalmente en sus actitudes, objetivos, comportamientos y políticas. El conflicto se reanudó cuando Becket comenzó a excomulgar de la Iglesia a los obispos que no le habían ayudado seis años antes.

Esta insolencia conmocionó a la corte real, que arrinconó al poderoso rey. El posterior asesinato de Becket probablemente no fue voluntad del rey. La historia cuenta que, en un momento de desesperación, Enrique II pronunció una fatídica frase, lamentándose: «¿Nadie me librará de este turbulento sacerdote?». Los subordinados que lo oyeron interpretaron esta frase como una orden de deshacerse de

Becket. Primero, cuatro caballeros intentaron arrestar al arzobispo en su casa, pero fueron obligados a retroceder por los partidarios del clérigo. Tiempo después, se enfrentaron de nuevo a Becket, pero esta vez estaban ebrios. Irrumpieron en la catedral de Canterbury en pleno servicio, exigiendo que Thomas se entregara. Tras la reiterada negativa, la situación se salió de control y el arzobispo fue brutalmente acuchillado con múltiples espadas, prometiendo verbalmente su vida a Cristo y a la Iglesia mientras moría.

El renacido y antaño extravagante político se convirtió inmediatamente en un mártir. Su escandaloso asesinato precipitó una controversia tan intensa, que el rey tuvo que pasar un tiempo en Irlanda, por su seguridad. Finalmente, se supo que Enrique II no era responsable personalmente, y su castigo fue un paseo de penitencia en la catedral donde murió Becket. Pudo evitar la excomunión, pero la Iglesia romana aprovechó la oportunidad para obligarlo a hacer concesiones en sus disputas legales sobre las controvertidas *Constituciones de Clarendon de Enrique*. Más tarde, promulgó importantes reformas legales a través de su *Assize of Clarendon*, pero la Iglesia conservó su independencia.

Becket fue canonizado en 1173 y, a partir de entonces, fue conocido como Santo Tomás de Canterbury. El glorioso reinado de Enrique II había sido empañado para siempre y la Iglesia había obtenido una importante victoria. Sin embargo, esta victoria fue temporal, ya que las semillas del conflicto se habían sembrado profundamente y las fricciones con la corona inglesa persistieron durante siglos. La controversia de Thomas Becket fue un indicio de desacuerdos radicales que volvieron a servir y condujeron a una división mucho más significativa entre el poder real y el eclesiástico.

Enrique VIII

Enrique VIII fue una figura controvertida, para algunos más que para otros. En el mundo católico, se le miraba con desdén y sus acciones se consideraban abominables. El conflicto surgió al deseo de Enrique de disolver su matrimonio, en su desesperada búsqueda de un heredero varón, pero el enfrentamiento con Roma evolucionó hacia una controversia mucho más dramática y con repercusiones históricas. Más allá de su conflicto con la Iglesia, Enrique VIII fue una figura notable y excéntrica en su época; su accidentado reinado, entre 1590 y 1547, tuvo un importante impacto histórico, ya que fue decisivo para llevar la

Reforma a Inglaterra, marcando la culminación de un conflicto de siglos.

Un rey preparado para el éxito

Enrique VIII nació en el seno de la Casa de Tudor, el 28 de junio de 1491, en Greenwich, y se convirtió en el segundo rey de esta dinastía en Inglaterra. Los orígenes de la Casa de Tudor se encuentran en las guerras de las Rosas, un famoso periodo de luchas dinásticas que tuvo lugar entre 1455 y 1487. Durante ese tiempo, la antigua Casa de Plantagenet se había dividido en dos ramas enfrentadas, Lancaster y York.

Aunque finalmente prevalecieron, los Lancaster sufrieron importantes daños que terminaron con su línea sucesoria masculina. Así fue como su aliada, la Casa de Tudor, recién formada y liderada por Enrique Tudor, heredó la pretensión al trono. Enrique Tudor fue coronado como Enrique VII en 1485 y logró grandes avances en la estabilización y el fortalecimiento de la monarquía antes del nacimiento de su hijo Enrique, en 1491.

Inglaterra terminó la Edad Media como una monarquía estable y unificada gracias al liderazgo responsable de Enrique VII. El padre de Enrique VIII también tenía una mente hábil para la economía, lo que ayudó a fortalecer las finanzas. Enrique VIII, coronado en 1509, heredó un reino sólido. De joven, Enrique VIII ya era una figura imponente, tanto por su estatura como por su carácter. Medía más de 1,90 metros y era conocido por su gran capacidad atlética.

Enrique destacaba en el tiro con arco y la equitación, lo cual lo convertía en un formidable participante de los diversos torneos de su padre. También practicó deportes como el tenis. Enrique tampoco descuidaba su mente y su espíritu; dedicaba tiempo a escribir poesía, a estudiar teología y a componer música. Estos empeños eran para el joven príncipe algo más que una muestra de noble sofisticación, ya que era ampliamente conocido por su inteligencia. Alto, atlético, pelirrojo e inteligente, Enrique cautivaba a todos los que conocía. Sin embargo, tenía un lado oscuro, caracterizado por ocasionales arrebatos de ira. Al parecer, en el transcurso de su reinado, Enrique VIII se fue adentrando cada vez más en esa oscuridad, volviéndose propenso a la paranoia, la malicia y la crueldad.

El «gran asunto» y sus consecuencias

La verdadera historia comienza con el matrimonio de Enrique VIII con Catalina de Aragón. Este fue su primer matrimonio y el más largo, ya que comenzó un par de meses después de su coronación, en 1509, y duró hasta 1533. Con el paso de los años, resultó ser un grave desencuentro marcado por la tragedia. La pareja real tuvo un total de seis hijos, cinco de los cuales fallecieron siendo bebés. La única hija de Catalina que sobrevivió fue María, nacida en 1516.

Catalina de Aragón[5]

El único objetivo de Enrique era conseguir un heredero varón y cada vez estaba más claro que esto era imposible en su matrimonio. En 1519 tuvo un hijo, Enrique FitzRoy, que se convirtió en duque de Richmond y Somerset, pero FitzRoy era hijo ilegítimo de una amante. Al cabo de un tiempo, Enrique VIII decidió buscar exhaustivamente una sustituta, encontrando finalmente a Ana Bolena. Pero conseguir el divorcio no era un asunto sencillo para un monarca del siglo XVI, y la situación llegó a conocerse como «el gran asunto del rey». Enrique necesitaba pedir al papa Clemente VII la anulación oficial de su anterior matrimonio, así que envió una carta a Roma, exponiendo su caso con lujo de detalles.

El rey argumentaba que la falta de un heredero varón era la forma que tenía Dios de castigarlo por haberse casado con la mujer de su difunto hermano mayor, Arturo, citando *Levítico* 20:21. Esta parte del *Antiguo Testamento* afirma que quien se casa con la mujer de su hermano comete un acto de impureza y lo deshonra, condenando su matrimonio a la falta de descendencia. El argumento era sólido, pero el papa tenía razones políticas para rechazar la petición a pesar de todo, debido a las relaciones familiares de Catalina con el emperador del Sacro Imperio romano germánico, Carlos V de España.

El papa presentó un argumento religioso para su reticencia, afirmando que era improbable que el matrimonio entre Catalina y Arturo se hubiera consumado, debido a su corta edad. La Iglesia también envió un investigador para determinar los hechos e intentar mediar entre Enrique y su esposa, que no tenía intención de renunciar a su puesto de reina. El asunto se complicó en poco tiempo. Los intentos de mediación fracasaron y Enrique recurrió a mantener a su esposa encerrada en varios lugares lejos de él y de Ana Bolena, con quien vivía. Ambos tuvieron una hija, Isabel, nacida en 1533. Consumido por su búsqueda de un heredero varón, Enrique VIII no pudo darse cuenta de que Isabel se convertiría en una de las más exitosas gobernantes inglesas.

A partir de entonces, Enrique se empeñó en anular su matrimonio con Catalina por todos los medios. Siguió un prolongado enfrentamiento con la Iglesia, que culminó con el *Acta de Supremacía*, el 28 de noviembre de 1534, donde se proclamaba que el rey de Inglaterra era la máxima autoridad mundana y la cabeza de la Iglesia, con solo Dios por encima de él. El acta cambió para siempre el panorama religioso, eclesiástico y político de Inglaterra. Así fue como la Reforma llegó a Inglaterra cuando se difundía por Europa.

La Ley de Disolución de los Monasterios de 1536 fue el siguiente gran paso del Parlamento, que permitió a Enrique VIII confiscar las propiedades monásticas y redistribuirlas a su antojo. Este episodio desató la indignación en todo el mundo católico, incluso dentro de Inglaterra, pero pocos se atrevieron a hablar en contra de Enrique para no acabar como varios abades, que fueron ahorcados por protestar. De todas formas, muchos se alegraron con la llegada de la Reforma, ya que tenían la percepción de que la Iglesia romana se había vuelto decadente. Así, Inglaterra se acomodó perfectamente a su nuevo destino.

La infame racha de matrimonios de Enrique VIII continuó menos de tres años después de haberse casado con Ana Bolena, a quien decapitó en 1536 en la Torre de Londres, acusándola de adulterio, brujería y otros graves delitos. Es probable que estas acusaciones no fueran ciertas, ya que Enrique no estaba contento con el matrimonio y ya había expresado su interés por la que sería su siguiente esposa, Jane Seymour. Del tercer matrimonio del rey nació finalmente un hijo, Eduardo, en 1537. Todo indica que Jane fue la única esposa a la que Enrique amó de verdad, pero murió poco después del nacimiento de Eduardo. Sus dos siguientes matrimonios, con Ana de Cleves y Catalina Howard, también fueron efímeros: el primero terminó en divorcio y el segundo, de nuevo, con la decapitación de la esposa. La sexta y última esposa del rey, Catalina Parr, fue la única que sobrevivió a Enrique VIII, que murió el 28 de enero de 1547.

Además de sus matrimonios y del hecho de haber separado a la Iglesia inglesa del papa, el reinado de Enrique VIII estuvo envuelto en otras controversias. A diferencia de su padre, Enrique VIII era famoso por sus gastos irresponsables, la mayor parte de los cuales destinaba a sus numerosas campañas militares y fastuosos palacios. Tenía más de sesenta casas, todas ellas lujosas y extravagantes.

Tras la muerte de Enrique VIII, su heredero varón era aún un niño. Eduardo VI de Inglaterra, de nueve años, heredó un reino financieramente inestable que se tambaleaba por los ultrajes y por el cisma religioso iniciado por su padre. A pesar de lo tumultuoso y controvertido de su reinado, el legado y la importancia histórica de Enrique VIII son enormes. Entre 1534 y 1546, estableció dos grandes pilares del gran poder en que se convirtió su reino más adelante: la Iglesia de Inglaterra y la Royal Navy (Marina Real).

Capítulo 3: Isabel I y el auge del poder naval inglés

Se han escrito volúmenes enteros sobre el monumental reinado de 44 años de Isabel I. Para ser una monarca que nunca debió sentarse en el trono, Isabel I superó todas las expectativas y fortaleció a su país de un modo que aseguró su legado a través de los tiempos. Casi dos siglos antes que la reina Victoria, Isabel I fue la primera reina que dio su nombre a una época de la historia inglesa, conocida como la Era Isabelina, también llamada la Edad de Oro de Inglaterra.

Isabel I fue la primera reina que dio su nombre a una época de la historia de Inglaterra[6]

Isabel I derrotó a numerosos enemigos durante su reinado, tanto extranjeros como nacionales. Gracias a sus victorias sobre algunas de las potencias mundiales más fuertes de la época, como España, protegió a Inglaterra y la consolidó como un importante actor geopolítico. La Inglaterra de Isabel I floreció política, militar, cultural y artísticamente. Cuando Isabel terminó su mandato, Inglaterra estaba preparada para tomar el mundo y competir con las superpotencias coloniales de la época.

La imprevista grandeza de Isabel

Uno de los hechos más fascinantes sobre Isabel I es que tuvo un comienzo bastante duro para alguien de la realeza. Nació del matrimonio desgraciado entre Enrique VIII y su segunda esposa, Ana Bolena. Su padre no solo mató a su madre, sino que ella tuvo que sufrir las repercusiones de ser declarada hija ilegítima después de que Enrique anuló su matrimonio. Creció en medio del caos de las escapadas e indiscreciones matrimoniales de Enrique y de sus hermanastros, por lo que tenía pocas perspectivas en la familia real, pero la historia tenía planes para ella.

De la ilegitimidad al trono inglés

Isabel nació en el palacio de Greenwich, el 7 de septiembre de 1533, como única hija del infame segundo matrimonio de Enrique VIII. Lo más probable es que fuera concebida mientras Enrique VIII seguía enfrentado a la Iglesia romana en la búsqueda de anular su primer matrimonio y casarse con Ana. Sin embargo, esto no tuvo importancia en la posterior ilegitimidad de Isabel, ya que nació meses después de que Enrique y Ana se casaran formalmente, a principios de 1533. Para Enrique, Isabel no fue más que un primer intento.

Aunque reconocía su amor por su hija, Enrique seguía esperando que Ana le diera un heredero varón. Por desgracia para ellos, sus siguientes intentos se saldaron con tres abortos. Isabel tenía menos de tres años cuando el matrimonio llegó a un horrible final, en mayo de 1536. Isabel se convirtió en hija ilegítima de la noche a la mañana, después de que Enrique ejecutara a Ana en la Torre de Londres. Siguió viviendo con la familia, pero sus derechos como miembro de la realeza quedaron anulados por el matrimonio del que era fruto. El siguiente matrimonio del rey, con Jane Seymour, produjo un heredero varón, Eduardo, que nació en octubre de 1537. Cuando el rey por fin consiguió el sucesor varón que había buscado durante tanto tiempo, Isabel y el resto de sus hijos quedaron totalmente marginados para una eventual sucesión.

Las cosas empezaron a mejorar para Isabel cuando Enrique VIII se casó con su sexta esposa, Catalina Parr, en el verano de 1543. Catalina asumió la custodia de los hijos de matrimonios anteriores de Enrique, y se aseguró de que los niños recibieran los cuidados adecuados. La joven Isabel comenzó a recibir una amplia educación en todo tipo de campos, incluyendo teología, historia, filosofía, artes y todo lo que se esperaba que estudiara una joven de la realeza. También empezó a aprender varios idiomas y fue instruida en el arte de la retórica, que resultó una valiosa habilidad durante su estancia en el trono. Probablemente, Isabel tenía un don natural para la oratoria y la escritura.

Cuando el padre de Isabel murió, en 1547, su hermanastro más joven, Eduardo, se convirtió en rey del reino de su padre, que atravesaba problemas económicos. Durante los seis años siguientes, en los que Eduardo, muy joven, intentó ocupar el lugar de su padre, Isabel no expresó ningún interés por el poder. En general, evitó los asuntos de Estado y llevó una vida tranquila en Hertfordshire. El rey Eduardo VI murió en 1553, cuando solo tenía quince años y, como Enrique no tenía otros herederos varones, la hija mayor, María, se sentó en el trono. El reinado de María I duró hasta 1558 y fue un periodo tumultuoso debido a la fe católica de la reina. Trató de revertir la Reforma, anulando leyes y sin rehuir la represión brutal. Sus métodos violentos, entre los que destaca su propensión a incinerar protestantes en la hoguera, le valieron el infame apodo de María la Sangrienta.

Su brutalidad y el hecho de que se casara con el príncipe Felipe de España, un país percibido como un importante rival de Inglaterra, hicieron que María I se convirtiera rápidamente en una mujer impopular. La creciente antipatía hacia su política culminó en la Rebelión de Wyatt de 1554. No está claro si Isabel tuvo o no algo que ver en estos acontecimientos, pero se especuló que los rebeldes planeaban instalarla como nueva reina. A pesar de que Isabel se mantenía al margen de la política, María I hizo caso a las crecientes sospechas de su entorno e hizo arrestar a Isabel. Afortunadamente, tras un periodo de arresto domiciliario, las hermanastras superaron su conflicto y sanaron su relación.

La Era Isabelina

En noviembre de 1558, María I sucumbió a lo que se cree que fue un cáncer de estómago, poniendo fin a un reinado corto y turbulento. Como no tenía hijos, quedó claro que Isabel era la siguiente en la línea de sucesión. Su coronación tuvo lugar el 15 de enero de 1559 y, aunque fue una ceremonia opulenta, marcó el inicio de un reinado con problemas. Las carencias financieras, que se remontaban a Enrique VIII, se deterioraron más en tiempos de Isabel, que también tuvo que hacer frente a la inestabilidad política y a pérdidas territoriales en Francia. Para empeorar las cosas, no faltaban rivales y enemigos, tanto extranjeros como nacionales. A los 25 años, Isabel I era una reina joven, pero lo que le faltaba de experiencia lo compensaba con sabiduría y conciencia de sí misma. Isabel nombró sabiamente consejeros capaces, como lord William Cecil, para compensar sus carencias en un país frágil. Otra ficha importante fue Sir Francis Walsingham, nombrado secretario de Estado, y que actuó esencialmente como jefe de espías.

Sir Francis Walsingham[7]

Isabel no tardó en darse cuenta de que tendría que navegar y maniobrar con astucia en un mundo dominado por los hombres. Sabía que tenía que ser astuta, pero también decidida y asertiva, y lo consiguió muy pronto. Isabel encontró un delicado equilibrio entre una independencia dominante y la escucha de sus valiosos consejeros. Gran parte del proceso de elaboración de políticas durante su reinado consistía en que los miembros de su gabinete hacían enormes esfuerzos para convencerla de que sus ideas tenían mérito. Tras un intenso escrutinio por parte de la reina, las mejores sugerencias se convertían en políticas.

Isabel I era también muy analítica y realista, y sabía perfectamente cuándo debía parar. Así fue como evitó los problemas de las infructuosas ambiciones territoriales en Francia y Escocia, que habían complicado a muchos de sus predecesores. Poniendo el reino en primer lugar y prestando poca atención al poder de su propia Casa, la de los Tudor, resultó ser una gastadora cuidadosa y calculadora, lo que ayudó finalmente a encarrilar las finanzas del reino.

Una de las características definitivas de la reina Isabel fue su negativa a contraer matrimonio. Este fue un punto de desacuerdo entre la reina y sus devotos consejeros, que consideraban que debía tener al menos un heredero para asegurar una sucesión sin problemas. A pesar de sus consejos, Isabel se mantuvo firme en la decisión de no casarse. Públicamente afirmaba que estaba casada con su país, y sin duda encarnó el papel con su infinita devoción diaria a sus deberes.

Sin embargo, los historiadores han especulado mucho sobre otras razones para la aversión de Isabel al matrimonio. Las desastrosas aventuras matrimoniales de su padre y la pérdida de reputación de María I por su matrimonio con un español posiblemente tuvieron algún efecto. La falta de pretendientes nunca fue un problema para Isabel, que recibió muchas propuestas de matrimonio tentadoras de hombres poderosos, tanto de Inglaterra como del extranjero.

La imagen pública de la reina también pudo influir, al menos en un momento posterior, ya que se la conocía como la Reina Virgen. Esta percepción pública a veces rozaba la divinización, ya que se la consideraba una figura similar a la Virgen María. Aun así, es muy posible que Isabel mantuviera varias relaciones privadas, ya que no es ningún secreto que a lo largo de los años sintió afecto por muchos hombres, incluido uno de sus asesores más cercanos, Robert Dudley.

La reina Isabel I también era conocida por su enfoque moderado en los asuntos religiosos de Inglaterra. Restauró los pasos de su padre hacia la Reforma, pero también mantuvo una gran tolerancia hacia los católicos. Los extremistas de ambos bandos no veían con buenos ojos a la reina, pero las masas silenciosas aprobaban su enfoque. Isabel trató de promover el protestantismo en la Irlanda católica, pero este esfuerzo resultó infructuoso.

Isabel demostró su dureza y su capacidad para la violencia en el famoso conflicto con María, reina de Escocia. María era prima de Isabel a través de la hermana de su padre, Margarita Tudor, y se convirtió en una especie de defensora de la causa católica en Inglaterra. El conflicto comenzó cuando María regresó de su exilio en Francia y se encontró con la fuerte oposición de la mayoría protestante de Escocia. El conflicto interno obligó a María a abdicar al trono en 1567, tras lo cual tuvo que abandonar el reino del norte. María tuvo la misma acogida fría en Inglaterra, donde Isabel la encarceló preventivamente. En ese momento, Isabel se enfrentó a una rebelión católica en el norte, a la cual aplastó con sus ejércitos antes de ahorcar a novecientos hombres del ejército rebelde.

El complot católico de Ridolfi de 1571 fue otra gran prueba para Isabel. Se descubrió que el duque de Norfolk había conspirado para derrocar y asesinar a la reina, con la ayuda de los españoles, para instalar a María como nueva reina. El duque fue arrestado y rápidamente ejecutado en 1572, pero Isabel se negó a matar a María, a pesar de las incesantes peticiones del Parlamento en la década de 1580. En 1587, cuando una investigación de Francis Walsingham reveló que María nunca había abandonado sus ambiciones al trono y que estaba conspirando con Felipe de España para que él invadiera Inglaterra, Isabel firmó su ejecución.

Al margen de tales intrigas, la Era Isabelina fue un tiempo en el que la cultura y el arte inglés florecieron en todos los sentidos. En 1576, se fundó El Teatro, que fue el primer teatro y casa de juegos de Londres. También en esta época comenzó a trabajar el ilustre William Shakespeare, que publicó obras históricas, como *Romeo y Julieta* en 1593. Christopher Marlowe y Ben Jonson también dejaron su impronta en esta época. La repercusión de estos avances artísticos es inestimable; marcaron una época que sigue teniendo un impacto claro y poderoso actualmente. Sin embargo, por muy valioso que sea el legado artístico y cultural, el mundo cambió profunda y radicalmente con los acontecimientos marítimos.

El nacimiento de una superpotencia marítima

El siglo XVI no fue la primera vez que Inglaterra participó en combates navales, pero sin duda fue una época decisiva, que convirtió el poder naval inglés en el coloso que fue más tarde. Enrique VIII fue el monarca que fundó oficialmente la Royal Navy y sentó las bases de su posterior desarrollo, pero fue durante el reinado de Isabel I que esta inversión comenzó a dar sus frutos. Inglaterra evolucionó hasta convertirse en el Reino de Gran Bretaña, en 1707, y su poderío naval fue el pilar fundamental de la expansión global de la monarquía en la Era de las Exploraciones y posteriormente.

Expansión naval bajo Isabel I

Tras los históricos avances navales del siglo XV, como las legendarias hazañas de Colón y Vespucio, cada vez estaba más claro que el futuro pertenecía a los exploradores. En la época de Isabel I, las grandes potencias europeas avanzaban a pasos agigantados en este campo, con la aparición de colonias en el Nuevo Mundo. Isabel sabía que si Inglaterra quería competir, la monarquía tendría que comprometerse.

España ya había conseguido una ventaja significativa, por lo que la reina comenzó a invertir en las capacidades navales de Inglaterra y a fomentar la exploración. Lo hizo invirtiendo en la Royal Navy y en la empresa privada, que fue uno de los pilares básicos de la expansión imperial inglesa. La Royal Navy debía garantizar la seguridad de Inglaterra y sus aguas, mientras que los intereses privados, alentados y apoyados por la reina, cruzaban las fronteras a través de los mares. Así nacieron los corsarios protestantes ingleses, que iniciaron su búsqueda de riqueza y gloria en la década de 1560 y pronto empezaron a extenderse por todo el mundo.

Francis Drake fue uno de los corsarios más prolíficos y legendarios de la reina, así como el primer inglés que dio la vuelta al mundo. Drake, el tercer navegante en lograr esta notable hazaña, lo consiguió en una sola expedición, que comenzó en 1577 y terminó en 1580. Antes de esta expedición, Drake había explorado Panamá. John Hawkins fue otro distinguido corsario que exploró las Indias Occidentales españolas y África Occidental en la década de 1560. Así fue como Inglaterra entró en contacto con el lucrativo comercio de esclavos del Atlántico y se unió a él.

Francis Drake[8]

Todas estas empresas privadas contaban con la plena aprobación y el apoyo de la Corona, que registraba a las compañías y les otorgaba cartas constitutivas. Los corsarios y sus compañías gozaban de gran libertad y autonomía, lo que les permitía establecerse en las zonas que consideraban rentables. Obtenían entonces derechos exclusivos en esas zonas, siempre que entregaran a la corona la parte que le correspondía. Así surgió la legendaria, aunque infame, Compañía de las Indias Orientales, tras asegurarse en 1600 los derechos comerciales exclusivos en el océano Índico. La actitud de la reina generaba una manía cada vez mayor por la exploración, el comercio, la riqueza, la gloria personal y la causa protestante. Los católicos españoles eran el enemigo y competidor perfecto, como lo fue Portugal un tiempo después.

Durante sus viajes, los corsarios ingleses se enfrentaron con frecuencia a los españoles, a veces accidentalmente, pero a menudo como parte de incursiones piratas. Los corsarios saqueaban bienes valiosos, artículos exóticos, oro, plata, armas, barcos y esclavos siempre que podían. Los corsarios interceptaron barcos, saquearon colonias e incluso asaltaron bases navales españolas, en parte motivados por el beneficio personal y en parte alentados por la política.

La humillación de España

Como complemento a los asaltos corsarios, Isabel se esforzaba por avivar las llamas de la rebelión entre los protestantes gobernados por España siempre que podía. Esto no era nada nuevo ni escandaloso, ya que España hacía lo mismo con los católicos de Inglaterra y de las islas británicas, además de conspirar para invadir y derrocar a Isabel. En este contexto, los Países Bajos españoles y Francia eran objetivos importantes de la injerencia inglesa. Los esfuerzos de Inglaterra por provocar rebeliones contra Felipe II se hicieron constantes en la década de 1570.

Estas subversiones, la ejecución de María en 1587 y el desprecio religioso general hacia el protestantismo inglés, fueron fuertes motivaciones para que Felipe II preparara una invasión a Inglaterra. A mediados de la década de 1580, Inglaterra había pasado del apoyo clandestino a los protestantes en los Países Bajos a una intervención militar completa. El envío de tropas y las incesantes incursiones corsarias causaron estragos en el comercio español de la zona, además de mermar el prestigio de la superpotencia naval dominante de la época.

El ataque de Francis Drake en 1587 a la base naval española de Cádiz fue la gota que rebosó la copa. En el devastador ataque, los corsarios saquearon todo lo que pudieron e incendiaron docenas de barcos en aguas españolas. Tras este atropello, Felipe comenzó a reunir a la poderosa Armada Española. España dirigía un imperio colonial mucho más vasto, pero la brecha entre el poder naval inglés y el español en las aguas de Europa se fue cerrando poco a poco a finales de la década de 1580. La flota de la Royal Navy gozaba de superioridad numérica, pero los galeones españoles eran más resistentes y poseían mayor potencia de fuego.

La Armada Española es un nombre histórico dado a la flota que Felipe II de España reunió para invadir Inglaterra, en el verano de 1588. Esta fuerza contaba con más de 130 barcos y fue aclamada como invencible. Seguro de su victoria, Felipe envió la flota desde Lisboa a los Países Bajos para enlazar con los refuerzos y dirigirse hacia Inglaterra. Aunque más débil sobre el papel, la flota inglesa igualaba a la Armada Española en número, pero con barcos más pequeños y maniobrables. Los ingleses también contaban con veinte galeones propios, que compensaban en potencia de fuego lo que les faltaba en número.

El tiempo tormentoso, la agilidad de los barcos ingleses y la superioridad táctica llevaron a Inglaterra a la victoria, lo que supuso un duro golpe para el prestigio naval español. Isabel I, siempre proactiva, vestida con armadura y montada a caballo, se reunió con sus ejércitos en Tilbury para una posible batalla en defensa de Londres. Mientras se desarrollaba la batalla naval, Isabel habló ante sus tropas, subrayando que la debilidad física de una mujer no debía ocultar el «corazón y estómago de rey» que poseía.

Alrededor de cien soldados ingleses murieron en los enfrentamientos navales. La Armada Española escapó a duras penas con la mitad de su flota, atacada implacablemente mientras se retiraba alrededor de Escocia, dejando tras de sí alrededor de 15.000 muertos. Este asombroso triunfo fue la recompensa de las inversiones que la Casa de Tudor había destinado a la Royal Navy y marcó el ascenso de Inglaterra como una de las grandes potencias navales de la época.

Capítulo 4: Shakespeare y Marlowe: dando forma a la lengua inglesa

Los logros culturales de Inglaterra y Gran Bretaña entraron en los anales de la historia y en los programas escolares de todo el mundo hace mucho tiempo. Gracias al floreciente ambiente de arte, creatividad y cultura bajo el reinado de Isabel I, el mundo se embelleció con grandes mentes creativas, como William Shakespeare y Christopher Marlowe. Aunque no fueron los únicos dramaturgos y letristas de la época isabelina, estos dos genios creativos representan el desarrollo a pasos agigantados de la cultura y

Christopher Marlowe[9]

la lengua inglesa en el siglo XVI. También representan la consolidación lingüística y el consiguiente desarrollo filosófico del país, un punto decisivo en la maduración y el progreso de cualquier nación.

William Shakespeare

William Shakespeare es sinónimo de Inglaterra en literatura y teatro, pero esta preeminencia llega mucho más allá de su patria. Los gustos subjetivos pueden diferir, pero el impacto y el legado pueden medirse, y los de Shakespeare lo definen como uno de los dramaturgos más legendarios de todos los tiempos. Sus obras han sido traducidas a todos los idiomas y siguen dominando los teatros de todos los rincones del planeta, incluso hoy en día.

Catalogar a los dramaturgos, escritores y artistas en los que ha influido la obra de Shakespeare desde el siglo XVI sería una tarea interminable. La competencia es dura, pero es relativamente fácil defender que ningún escritor en lengua inglesa ha influido tanto en el mundo como William Shakespeare.

Vida temprana y años perdidos

La vida privada de Shakespeare está rodeada de cierto misterio, pero no por falta de referencias y datos sobre él. Quizá por ello, a lo largo de los siglos se ha especulado bastante sobre él, desde su aspecto hasta su orientación sexual y sus creencias personales. En el lado más espinoso de la especulación está la cuestión de la autoría de la obra de Shakespeare, ya que un puñado de investigadores sugieren que algunas de las obras que se le atribuyen fueron escritas por otros autores. Sin embargo, estas teorías empezaron a surgir más de dos siglos después de la muerte de Shakespeare. Aunque siguen existiendo, son hipótesis marginales, defendidas por muy pocos académicos.

William Shakespeare nació en una ciudad comercial llamada Stratford-upon-Avon, situada unos 160 kilómetros al noroeste de Londres. Su fecha exacta de nacimiento no ha sido confirmada, pero se estima que fue el 23 de abril de 1564, y que su bautismo tuvo lugar tres días después, el 26 de abril. El padre de William, John, era un hombre muy ocupado, que probó suerte en todo tipo de negocios, como la agricultura, la marroquinería, el comercio de madera y el préstamo de dinero, entre otras empresas. También se involucró con la administración local, pasando algún tiempo en varias oficinas municipales. Su esposa, Mary Arden, procedía de una familia adinerada, ya que era hija de un rico terrateniente. No se sabe mucho más sobre los padres de William Shakespeare, pero hay indicios de que eran católicos durante la Reforma. Tuvieron un total de ocho hijos, de los cuales William era el tercero. Tres de sus hermanos murieron muy jóvenes.

También hay discrepancias sobre los primeros años de educación de Shakespeare, pero dado que sus padres eran bastante acomodados, probablemente asistió a una escuela secundaria decente cerca de donde creció. En esta etapa de su educación, Shakespeare probablemente aprendió latín y tuvo la oportunidad de estudiar literatura clásica, lo que pudo haber sembrado la creatividad en su mente. Se desconoce cómo fue su educación, y también se considera que fuera aprendiz de su padre durante la adolescencia.

Shakespeare se casó con Anne Hathaway cuando solo tenía 18 años, a pesar de que ella era ocho años mayor que él. Dado que la primera hija de Shakespeare, Susanna, nació apenas unos meses después de la boda, se especula que él y Anne contrajeron matrimonio tras enterarse de que ella estaba embarazada. Dos años más tarde, en 1585, Shakespeare y Anne tuvieron gemelos, Hamnet y Judith. Hamnet fue el único hijo de Shakespeare, y falleció trágicamente a los once años. Durante gran parte de los años siguientes, Shakespeare estuvo ausente de casa, centrándose en la escritura y el teatro en Londres.

Entre los estudiosos de Shakespeare, el periodo comprendido entre 1585 y 1592 se conoce como sus «años perdidos». Este vacío de información es un tanto peculiar, porque la forma en que Shakespeare reaparece en los registros históricos, en 1592, indica claramente que era bastante conocido en la escena teatral londinense. Esta primera mención procede de un panfleto elaborado por Robert Greene, un dramaturgo que no hablaba muy bien sobre Shakespeare.

El panfleto de Greene, que calificaba a Shakespeare de «cuervo advenedizo embellecido con nuestras plumas», insinuaba que Shakespeare no pertenecía a la clase teatral superior debido a su falta de credenciales universitarias. Esencialmente, lo llamaba charlatán y decía que no podía competir con los llamados University Wits, un grupo de distinguidos dramaturgos isabelinos que incluía a Greene, Christopher Marlowe y otros.

No hay consenso sobre lo que Shakespeare podría haber hecho durante sus años perdidos, y la amplia diversidad de teorías propuestas ofrece opciones sorprendentemente diferentes. Se ha sugerido que huyó del país debido a un incidente con un cazador furtivo, que estudió Derecho, que enseñó en una escuela, que viajó por Europa y que se dedicó a actuar en Stratford. Lo cierto es que en 1592 Shakespeare ya había dado pasos decisivos en su carrera de actuación y escritura.

La obra de Shakespeare y su influencia

Las principales obras de Shakespeare se produjeron en el periodo comprendido entre 1589 y 1613. En 1592, Shakespeare ya había incursionado en los tres géneros dramáticos principales: tragedia, comedia e historia. El mejor ejemplo de su trabajo en el género de la tragedia durante los primeros años es *Tito Andrónico*, escrita entre 1588 y 1593 y considerada su primera tragedia. Entre sus comedias destacan *La comedia de los errores* y *La fierecilla domada*. Entre sus obras históricas destacan *Ricardo III* y *Enrique VI*, esta última una trilogía.

Muchas de las obras legendarias de Shakespeare, como *Hamlet*, *Macbeth*, *Otelo* y *Romeo y Julieta*, fueron tragedias, pero durante sus primeros años de dramaturgo fue más conocido por sus comedias y obras históricas. Ya en 1592, Shakespeare mostraba un conocimiento y una comprensión avanzada de la cultura, la geografía y los asuntos políticos de Londres. Además, dominaba muy bien temas similares en otros países europeos, incluidos los asuntos de la realeza, que conocía muy bien en su país y en el extranjero. Algunos

William Shakespeare[10]

interpretan sus versátiles conocimientos y su conciencia de los asuntos mundanos como algo extraño para alguien que creció en el campo. Esta es la razón principal de algunas de las sospechas sobre la no autoría de algunas obras de Shakespeare.

A lo largo de la década de 1590, Shakespeare continuó escribiendo prolíficamente, al tiempo que actuaba en diversos teatros y grupos de actores. Destaca su participación en la compañía de actores Lord Chamberlain's Men, a la que se unió en 1594. Más tarde, la compañía pasó a llamarse King's Men, después de que el rey Jaime I se convirtiera en su mecenas. Shakespeare fue su escritor y socio esencial, y juntos fundaron el famoso Globe Theatre, a finales de la década de 1590.

Cuando se retiró a vivir sus últimos años con su esposa, hacia 1613, Shakespeare había escrito más de 37 obras. Muchas de ellas, como «Bien está lo que bien acaba», «Troilo y Crésida» y «Medida por medida», pueden interpretarse como tragicomedias. Su desafío a la clasificación ha llevado a algunos estudiosos a calificarlas como «obras problemáticas». Una de las características del estilo de escritura de Shakespeare es que a menudo sus personajes presentan monólogos autoconclusivos, también conocidos como soliloquios. La pregunta de Hamlet sobre ser o no ser, dirigida a sí mismo, es el ejemplo más famoso. Shakespeare era un excelente orador, y sus escritos a menudo incluían juegos de palabras. Su forma poética habitual era el verso blanco y el pentámetro yámbico.

Shakespeare fue un estudioso del teatro clásico, inspirándose a menudo en los escenarios de la antigua Grecia y dándoles su propio toque moderno. Se puede decir que Shakespeare es más famoso por sus tragedias porque son las obras que más le permitieron profundizar en la psicología y las emociones humanas. La exploración de la naturaleza humana a través de personajes complejos psicológica y emocionalmente, con énfasis en el conflicto, es un tema común en las obras de Shakespeare. Algunas de las historias son más claras, mientras que otras presentan un torbellino de emociones, cambios de tono y enigmas morales. En ese sentido, los cambios dramáticos son especialmente evidentes en las «obras problemáticas», y son una de las razones por las que son difíciles de clasificar. La psicología shakesperiana se ha estudiado ampliamente, sobre todo a través de personajes como Hamlet. Sigmund Freud, por ejemplo, quedó fascinado e intrigado por Hamlet, que inspiró gran parte de su trabajo buscando comprender la naturaleza humana.

Shakespeare fue también un poeta ávido y consumado. En su poesía, exploró temas como el erotismo, el amor, la estética, el concepto de verdad y mucho más. La colección de sonetos de Shakespeare abunda en sexualidad, así como en oscuros temas emocionales, a menudo entrelazados. Muy explícitos para su época de principios del siglo XVII, se cree que los sonetos de Shakespeare pudieron ser su poesía privada, publicada sin su conocimiento o permiso. Uno de los poemas narrativos más notables de Shakespeare fue *Venus y Adonis*, una pieza bastante erótica dedicada a su amigo Henry Wriothesley. También dedicada a Henry fue *La violación de Lucrecia*. La decisión de Shakespeare de dedicar a su amigo un material con tanta carga sexual es una de las razones por las que se ha especulado sobre su posible homosexualidad.

La muerte de Shakespeare suele fecharse el 23 de abril de 1616, cuando tenía 52 años. Casi cinco siglos después de su nacimiento, prácticamente todos los hombres, mujeres y niños del mundo han oído el nombre de Shakespeare. No solo inspiró a innumerables escritores y artistas de todas las disciplinas hasta nuestros días, sino que contribuyó decisivamente a sentar las bases de la dramaturgia y el teatro moderno. El legado lingüístico de Shakespeare es también inmenso, y es probable que ningún otro escritor haya influenciado tanto a la lengua inglesa. Shakespeare creó o popularizó muchas palabras y sus obras también dejaron varias expresiones. «Conclusión previsible», «búsqueda inútil» y «en un aprieto» son solo algunos de los ejemplos que pueden atribuirse a *Otelo, Romeo y Julieta* y *La Tempestad*, respectivamente.

Christopher Marlowe

Quienes consideran a Shakespeare el dramaturgo más legendario de la historia, suelen situar a Christopher Marlowe en un cercano segundo lugar, al menos entre los dramaturgos de la época isabelina. Marlowe fue un precursor en muchos aspectos, siendo pionero en técnicas como la poesía en verso blanco. También gozaba de gran prestigio y pertenecía a la élite londinense, un nivel social del que Shakespeare carecía al principio de su carrera.

Según varios estudiosos, Marlowe ejerció una influencia significativa sobre Shakespeare y su obra. Sus obras se caracterizaban por mostrar de forma realista las emociones humanas y transmitir mensajes humanistas, aunque a menudo el lenguaje y las acciones de sus personajes eran violentos. Marlowe y Shakespeare nacieron con un par de meses de diferencia, lo que supuso una dinámica apasionante de influencia mutua en una época de floreciente creación artística.

Una juventud misteriosa

No se tiene constancia de la fecha de nacimiento de Marlowe, pero nació en Canterbury, en el condado inglés de Kent. Según los registros, fue bautizado el 26 de febrero de 1564. No es raro que una fecha de nacimiento en el siglo XVI no sea clara, pero otros aspectos de la vida temprana de Marlowe sí fueron misteriosos. Marlowe murió a los 29 años; alcanzó su gran legado literario en unos pocos años de trabajo activo.

En los primeros años de su juventud, parece que Marlowe siguió el camino típico de un joven con talento y estudiante diligente. Asistió becado a The King's School y rindió bien en sus estudios, lo que le permitió matricularse en el Corpus Christi College de Cambridge en la década de 1580. Se graduó en 1584 con una licenciatura en Artes y continuó su educación en busca de una maestría. Iba a obtenerla en 1587, pero la universidad empezó a retrasar el proceso.

No está del todo claro qué ocurrió, pero es probable que surgieran problemas debido a las numerosas ausencias de Marlowe y a los rumores de que pretendía hacerse católico. Este supuesto plan de Marlowe suponía que se trasladaría al norte de Francia, donde asistiría a un seminario inglés y se ordenaría como sacerdote católico. En aquella época, se trataba de un delito grave.

Todas estas especulaciones se disiparon cuando el Consejo Privado de la reina intervino enviando una carta en favor de Marlowe. En la carta, explicaban que Marlowe había prestado un servicio encomiable a la reina, trabajando en «asuntos que atañen al beneficio del país». Una intervención directa de un órgano tan alto de la monarquía en favor de Marlowe era, por lo menos, extraña, igual que la críptica descripción de sus «servicios». A pesar de lo peculiar de la carta, a Marlowe le sirvió y pronto se le concedió la maestría.

La teoría más extendida entre los eruditos es que Marlowe fue contratado como agente secreto o para algún trabajo de espionaje. La carta del Consejo Privado subrayaba que la reina estaba descontenta al ver que un individuo que había prestado un servicio tan importante al Estado estaba siendo «difamado por quienes ignoraban los asuntos que trataba». Fuera cual fuese la verdad del asunto, Marlowe reanudó su carrera tras ser absuelto, y pronto se trasladó a Londres para comenzar su labor como escritor, a partir de 1587.

Breve carrera como escritor y un extraño e inoportuno final

Entre los eruditos actuales, Marlowe es considerado el dramaturgo más distinguido de Londres durante su corta carrera. El problema de su obra es que una parte considerable está mal conservada y ha sido corrompida a lo largo de los siglos. Esta es la desafortunada realidad de su obra más famosa, *La trágica historia de la vida y muerte del doctor Fausto*. Los eruditos se han esforzado por establecer una cronología clara de las obras que publicó Marlowe. Se considera un predecesor crucial de Shakespeare, ya que inspiró algunas de sus obras y trazó el camino de algunos de sus géneros. Por ejemplo, *Eduardo II* de Marlowe fue uno de los primeros ejemplos de tragedia histórica, un concepto que Shakespeare perfeccionó con sus famosas historias. Se cree que *Eduardo II* es la obra mejor conservada de Marlowe, ya que es la que ha sufrido menos alteraciones a causa de transcripciones y ediciones.

THE DEVIL AND Dr FAUSTUS.

Ilustración de Doctor Fausto, obra de Marlowe[11]

Dido, reina de Cartago fue probablemente la primera obra de Marlowe, pero no se publicó hasta 1594, un año después de su muerte.

Su segunda obra, *Tamburlaine el Grande*, fue un hito importante en la dramaturgia, porque fue una de las primeras obras en verso blanco que se representaron ampliamente en Londres. *El judío de Malta* y *La masacre de París* son también obras esenciales de Marlowe. Estas dos obras, junto con *Doctor Fausto* y *Eduardo II*, se consideran las principales responsables de la fama de Marlowe y de su legado posterior.

La obra de Marlowe exploraba muchos temas esenciales, y obras como *La masacre de París* eran conocidas por su violencia gráfica. Las obras de Marlowe presentan conflictos religiosos, venganzas, intrigas políticas, corrupción y otros temas difíciles. El *Doctor Fausto* dramatiza la antigua leyenda alemana de Fausto, que es la historia de un erudito que hace un pacto con el Diablo en busca de poder y conocimientos avanzados. La obra de Marlowe da un giro oscuro a la historia al dotarla de un final trágico, en el que el protagonista no se arrepiente a tiempo y es llevado por los demonios.

En 1593, en su mejor momento, el célebre dramaturgo londinense encontró su fin en circunstancias poco claras que han suscitado un sinfín de debates y teorías. Una de ellas es que fue asesinado por blasfemia o ateísmo, mientras que otra sugiere que fue simplemente el trágico desenlace de una pelea de bar particularmente feroz. Otros han teorizado que era homosexual y fue atacado por fanatismo o pasión. La traición y los celos de otro dramaturgo también se han contemplado como posibles respuestas.

Otra propuesta, quizá más atractiva, es que Marlowe fue asesinado en medio de las intrigas del mundo del espionaje. Resulta extraño que los registros sobre la muerte de uno de los artistas más venerados de Londres de la época sean tan escasos y poco confiables. Junto con los indicios de que Marlowe estaba realmente implicado en el aparato de inteligencia, la falta de documentos sobre su muerte puede sugerir un encubrimiento deliberado. Por desgracia, es poco probable que las explicaciones sobre la muerte de Marlowe pasen de ser conjeturas.

Aunque desde la perspectiva actual se podría considerar el segundo entre los dramaturgos isabelinos, Marlowe fue una leyenda en su época. Muy respetado y profundamente arraigado en las altas esferas del teatro, contribuyó a definir la cultura y las artes de la época isabelina. Es difícil saber qué habría sido del legado de Marlowe si su obra se hubiera conservado mejor y si hubiera vivido más allá de los treinta años.

Capítulo 5: Isaac Newton y Robert Hooke: desentrañar el universo

Una de las formas más decisivas en que Inglaterra ha dejado su huella en el mundo es a través de la ciencia. Las contribuciones inglesas en este campo son numerosas, e incluyen las ciencias naturales y los numerosos avances en tecnología e ingeniería que llegaron un poco más tarde. Estos descubrimientos revolucionarios se produjeron en el contexto de un periodo conocido en la historiografía como la Revolución Científica, que tuvo lugar entre los siglos XVI y XVII.

Este periodo, una de las etapas más esenciales en el desarrollo de la humanidad, fue testigo de un cambio gradual, pero radical, de la comprensión del mundo. Las viejas formas de la filosofía dieron paso al método científico, lo que condujo a un florecimiento del conocimiento y la invención. Las nuevas tecnologías y el creciente apoyo institucional a los avances impulsaron el proceso. Con el tiempo, un número creciente de países crearon instituciones diseñadas explícitamente para la actividad científica. Esto garantizó recursos y condiciones para que los científicos llevaran a cabo su trabajo como nunca antes.

Galileo Galilei[12]

Este periodo de doscientos años fue testigo de muchas mentes magníficas, como Galileo Galilei, Andreas Versalius y muchos otros. La Revolución Científica floreció inicialmente en Europa y luego se extendió por todo el mundo. Inglaterra fue cuna de muchos pioneros científicos de la época, entre ellos los afamados Isaac Newton y Robert Hooke. La historia de estas dos grandes mentes es la historia del progreso y la búsqueda intelectual sin precedentes. Sin embargo, también es una historia de rencores, orgullo y competencia humana.

Isaac Newton

Los avances de la Revolución Científica no deberían reducirse a una sola persona, pero no está de más decir que el nombre de Isaac Newton es prácticamente sinónimo de esta época. No fue el primero en dedicar su vida a los descubrimientos científicos, pero sus increíbles avances en matemáticas y en física representan la culminación de todo el periodo.

El nombre de Newton, a través de las leyes naturales que identificó, sigue vivo en las escuelas de todos los rincones del planeta hasta el día de hoy, y probablemente seguirá ahí para siempre. La comprensión humana de la gravedad y el movimiento (aspectos críticos de la forma en que se experimenta la realidad) se remonta directamente al trabajo de Newton. Con sus aportes, grabó su nombre en la historia de una forma de la que solo pueden presumir los artistas, conquistadores y líderes religiosos más glorificados.

Vida personal y filosofía del conocimiento

Se ha hablado mucho de las dificultades más evidentes del carácter de Isaac Newton, en particular de su carácter temperamental y su propensión a tomarse las cosas muy en serio. Los primeros años de la vida de Newton, tanto en su infancia como en su juventud, estuvieron marcados por una serie de contratiempos, la mayoría de los cuales estaban totalmente fuera de su control. Isaac nació el 25 de diciembre de 1642, en el calendario antiguo (4 de enero de 1643 en el calendario gregoriano, que se utiliza actualmente), en el pueblo de Woolsthorpe-by-Colsterworth, al este de Inglaterra. Sus padres eran una familia de granjeros, lo más parecido a una clase media que había en la Inglaterra del siglo XVII. Isaac nunca conoció a su padre, ya que murió unos meses antes de su nacimiento. Su madre, Hannah Ayscough, se volvió a casar más tarde con un pastor.

En su infancia, Isaac pasó algunos años alejado de su madre a petición de su padrastro, que murió cuando Isaac tenía catorce años. Se ha especulado con la posibilidad de que estos años de separación influyeran profundamente en el desarrollo de Isaac, provocándole problemas de temperamento e interacción social. Desde muy pequeño, Isaac se dedicaba a todo lo relacionado con la mecánica y a menudo jugaba con maquetas y pequeños inventos. Estaba claro que era un niño superdotado, pero parecía más interesado en sus proyectos personales que en la escuela, donde a menudo no rendía como sus posibilidades permitían.

La inventiva de Isaac lo llevaba a hacer travesuras y a meterse en líos. En una ocasión, sembró el pánico en su pueblo lanzando faroles al cielo por la noche. Algunos lugareños interpretaron las luces como una lluvia de meteoritos, lo que causó miedo y frustración en el pueblo. Aun así, ninguna de las travesuras ocasionales de Isaac causó verdaderos problemas, y la gente de su entorno tendía a notar y apreciar la agudeza de su mente. Sin embargo, no recibió la orientación más adecuada, ya que se esperaba que estudiara Derecho en el Trinity College de Cambridge. Comenzó sus actividades académicas en 1661, pero pronto quedó claro que su mente anhelaba las matemáticas.

Uno de los maestros esenciales en el camino inicial de Isaac fue Isaac Barrow, con quien Newton asistió a clases particulares de matemáticas. Isaac Newton tomó clases particulares porque sentía que su educación regular no le estaba proporcionando todos los conocimientos que necesitaba. Este fue el comienzo de una importante relación, ya que Barrow fue fundamental para impulsar la carrera académica de Newton más adelante. Tras su graduación en 1665, esta carrera encontró un importante obstáculo, un brote de peste negra, una de las muchas reapariciones de la enfermedad tras la Edad Media. Muchas instituciones públicas cerraron durante la epidemia e Isaac tuvo que volver a casa y dejar su carrera en suspenso durante alrededor de un año.

Esta pausa no sirvió para aplacar la sed de Isaac por las actividades científicas. Entre 1665 y 1666, emprendió por su cuenta extensas investigaciones que dieron lugar a muchos descubrimientos importantes. El propio Isaac estaba muy satisfecho de sus progresos en varios experimentos durante ese tiempo. La teoría del binomio, la refracción de la luz y otros estudios importantes de Isaac tuvieron lugar durante ese año. También sentó las bases de su investigación sobre la teoría de la gravitación universal, que más tarde se convirtió en una de sus contribuciones más famosas a la ciencia.

En su desarrollo mental, Isaac Newton no rehuyó ningún tipo de enfoque, y tuvo en cuenta algunos radicalmente distintos entre sí. Experimentó con una amplia gama de métodos y filosofías, incluida la filosofía mecánica e incluso la alquimia. Newton se adentró en el pasado, explorando a fondo las antiguas concepciones del mundo y guardando los fragmentos más importantes para utilizarlos más tarde en sus experimentos. Consideraba de suma importancia la integración de los conocimientos humanos antiguos y contemporáneos.

Isaac Newton era partidario de que la labor de la ciencia no consistía solo en descubrir nuevos conocimientos, sino también en redescubrir verdades que se habían sabido durante mucho tiempo y luego se habían perdido a lo largo de los milenios. Siempre humilde ante las grandes mentes del pasado, Newton se veía a sí mismo «en los hombros de gigantes», como dijo en una ocasión. También era protestante y creía en Dios como motor principal que intervenía ocasionalmente para solucionar las imperfecciones físicas del mundo, que Newton descubrió en su obra. Isaac Newton era también una persona muy reservada, que prefería llevar a cabo gran parte de su trabajo en secreto, aunque finalmente publicó sus monumentales descubrimientos.

Sir Isaac Newton[18]

Descubrimientos y un legado inmortal

Uno de los campos en los que el trabajo de Newton fue fundacional fue la óptica y el estudio de la luz. Aunque sus descubrimientos iniciales fueron significativos, tuvo problemas para que sus ideas fueran aceptadas en la corriente dominante, sobre todo en la Royal Society (Real Sociedad de Londres para la Mejora del Conocimiento Natural). Necesitaba algo tangible y completo para atraer el interés y dar peso a sus investigaciones, así que diseñó y construyó el primer telescopio reflector. Newton terminó su revolucionario telescopio en 1668, cosechando elogios instantáneamente y consiguiendo que le aceptaran en la Royal Society cuatro años más tarde. Su telescopio era más eficiente y diez veces más pequeño que los diseños anteriores, y tenía un aumento temporal de 40x.

Sin embargo, la investigación que condujo al telescopio de Newton iba mucho más del producto. Esencialmente, Newton fue el hombre que descubrió que la luz blanca es la suma de un espectro de colores naturales, lo que averiguó a través de sus experimentos con prismas, refracción y proyección. También utilizó prismas múltiples para dividir la luz en partes de distintos colores y dirigir los rayos separados a lugares diferentes, evidenciando que permanecían en sus colores respectivos después del segundo prisma.

Así quedó claro que la luz es heterogénea, lo que revolucionó la forma de percibirla y entenderla. Esta nueva teoría era contraria a las ideas convencionales y suscitó algunas reacciones contrarias, sobre todo por parte de Robert Hooke. Hooke rechazó los descubrimientos de Newton e incluso le acusó infundadamente de plagio, lo que provocó una ruptura total entre los dos distinguidos científicos. Isaac Newton se enfadó y poco después abandonó la Royal Society en señal de protesta, negándose a quedarse incluso cuando le ofrecieron la presidencia. Solo se planteó volver tras la muerte de Robert Hooke, en 1703. Al año siguiente, Newton publicó todos sus trabajos sobre óptica, que constituyen el núcleo de lo que es hoy el estudio de la óptica.

Para el gran público, Isaac Newton es más famoso por sus trabajos sobre la teoría de la gravedad y su estudio del movimiento. En contra de la mitología popular, Isaac Newton no comprendió que la gravedad existía de repente porque le cayó una manzana en la cabeza. Sin embargo, la observación de la caída de frutas probablemente lo inspiró para profundizar en el tema. La existencia y los efectos de la gravedad están bien establecidos desde la antigüedad mediante diversas teorías. Cuando se pensaba que la Tierra era el centro del universo, la teoría más extendida al respecto era que había una fuerza en el núcleo del planeta que atraía hacia sí toda la realidad.

Las investigaciones de Newton se inspiraron en la filosofía natural antigua, como la obra de Claudio Ptolomeo, que presentó una visión de la astronomía planetaria en el siglo II. Lo que Claudio e investigadores más recientes, como Nicolás Copérnico, tenían en común, era que pensaban que los planetas se movían alrededor del Sol siguiendo una trayectoria perfectamente circular. Solo hasta la época del astrónomo alemán Johannes Kepler (1571-1630) se comprendió que los cuerpos celestes seguían una trayectoria elíptica. Este descubrimiento se basó en la observación de que los planetas aceleraban su movimiento a medida que se acercaban al Sol.

El posterior estudio de la gravedad de Newton fue lo que finalmente explicó este fenómeno. Newton presentó su revolucionaria teoría de la gravedad en 1687 con los *Principios matemáticos de la filosofía natural*, comúnmente conocidos y abreviados como *Principia Mathematica*. Esta obra monumental aunaba las matemáticas y la mecánica, explicando la teoría de la gravedad tras establecer lo que se conoció como las leyes del movimiento de Newton. Las tres leyes descritas se enseñan ahora a los niños en las escuelas de todo el planeta. Los *Principia Mathematica* describen la gravedad como una fuerza de atracción entre dos cuerpos del universo, que depende fundamentalmente de su masa y de la distancia entre ellos.

Era una teoría con aplicaciones universales, que lo explicaba todo, desde la revolución de un planeta alrededor de una estrella hasta por qué una manzana cae al suelo. El único problema era que nadie entendía por qué existía esta fuerza misteriosa ni de dónde procedía. Esto dejó perplejos a muchos científicos, filósofos, teólogos y a todos los que estudiaban la obra de Newton. A quienes creían en Dios como motor de todas las cosas del universo les resultaba más fácil comprender la nueva ciencia de Newton.

A diferencia de otras grandes mentes de la historia, Newton vivió para ver el reconocimiento y los frutos de su trabajo. Tuvo una carrera académica bastante productiva y exitosa, e incluso incursionó en la política. Su reconocimiento internacional le valió un puesto en la Real Academia de Ciencias francesa en 1699. Tras la muerte de Hooke y su nombramiento como presidente de la Royal Society, Newton ejerció una gran influencia para popularizar un enfoque más práctico de la ciencia, fomentando los experimentos. También desempeñó un papel destacado en la Real Casa de la Moneda británica, lo que contribuyó a su posterior nombramiento como caballero por la reina Ana, en 1705.

Su vida personal, y especialmente sus relaciones con otros científicos, siguieron siendo conflictivas, incluyendo enfrentamientos como el que mantuvo con el matemático alemán Leibniz. Soltero y sin hijos, Newton llevó una vida tranquila y solitaria en sus últimos años, centrándose en el estudio de la *Biblia*. Falleció el 20 de marzo de 1727. Tan famoso y célebre como fue en vida, fue en los siglos posteriores a su muerte, cuando se hizo patente el verdadero peso de su legado, gracias a todos los nuevos avances científicos que partieron del camino que él había trazado. La relatividad y la física cuántica del siglo XX fueron los primeros descubrimientos que hicieron avanzar la física tanto como Newton.

Robert Hooke

La historia de Robert Hooke es la historia de un genio, pero también una historia de lucha. Ampliamente considerado como un aporte esencial de la Revolución Científica, ayudó al desarrollo de la humanidad a la vez que, por las características de su trayectoria, puso de manifiesto las injusticias socioeconómicas de la época. A través del talento, el trabajo duro y el ingenio, Hooke dejó tras de sí un legado eterno, más allá de las adversidades que a menudo lo atormentaban.

Vida temprana y contribuciones

Robert nació en la pobreza, el 18 de julio de 1635. Sus oportunidades académicas eran muy limitadas, y algunos de sus esfuerzos posteriores se vieron obstaculizados por su posición social, poco envidiable. Para Robert Hooke, sin embargo, esto solo significaba que tenía que trabajar más duro, y así lo hizo.

A base de talento y dedicación, consiguió matricularse en la Universidad de Oxford, donde tuvo la suerte de que apreciaran su talento. El reputado anatomista Robert Boyle y el médico Thomas Willis acogieron al joven estudiante bajo su tutela y lo contrataron como ayudante de laboratorio. Boyle se convirtió rápidamente en el mentor de Hooke y ambos científicos entablaron una fructífera y duradera relación.

Robert Hooke[14]

A Robert le costaba llegar a fin de mes sin un producto o una idea notable que vender, pero no tardó en resolver también este problema. Consiguió trabajo como arquitecto y topógrafo en Londres, lo que le reportó un sueldo considerable. El destino le tendió la mano a Robert; Londres había sufrido el gran incendio de 1666, que había dejado enormes cantidades de trabajo para gente como él. Amasó una considerable suma de dinero y compró su libertad laboral, lo que le proporcionó tiempo y recursos para dedicar a la ciencia. A lo largo de su trabajo durante la gran reconstrucción de Londres, Hooke colaboró ampliamente con Christopher Wren.

La relación de Robert Hooke con la Royal Society tuvo un comienzo difícil, en parte debido a las desafortunadas circunstancias de su nacimiento. No fue aceptado como fundador y necesitó tiempo y ayuda de Boyle para instalarse en un puesto inferior. Incluso entonces, la Royal Society ignoraba cada vez que Hooke recibía un ascenso o un reconocimiento. Para ser justos, es posible que el ascenso de Hooke en la escala académica se viera frenado por su falta de logros en matemáticas. Sin embargo, sus contribuciones, especialmente en lo que tenía que ver con la experimentación, eran difíciles de ignorar.

Un mundo oculto más allá del ojo humano

Hooke estaba especialmente interesado en el progreso tecnológico y atribuía gran importancia al desarrollo de instrumentos nuevos y más capaces. Pensaba que los saltos tecnológicos eran la clave para impulsar la ciencia, por lo que se dedicó a la mecánica y la ingeniería. Esto se reflejó en sus numerosos experimentos en la Royal Society, que giraban en torno a equipos e instrumentos de todo tipo. Los instrumentos de navegación, la óptica y los relojes fueron algunos de sus logros más notables.

A diferencia de Boyle, Newton y otras grandes mentes de la Inglaterra de la época, Robert Hooke era un mecánico e ingeniero puro. Su obra se inspiraba poco en las búsquedas teológicas y no tenía demasiada investigación teórica. En cambio, optaba por privilegiar inventos reales y prácticos. Hooke no se oponía a la religión, ya que era muy querido en la Iglesia e incluso por el arzobispo de Canterbury. A pesar de los obstáculos que Hooke tuvo que superar en su vida, el único episodio verdaderamente lamentable de su carrera fue la disputa con Isaac Newton.

El mayor problema de este conflicto es que fue muy público. Como Hooke y Newton eran dos de las mentes más brillantes de la época, ambos tenían muchos admiradores y aliados. A medida que se intensificaba la controversia, muchas personas de los círculos académicos y de fuera de ellos empezaron a tomar partido y a implicarse. Esto provocó fracturas y todo tipo de disgustos en la comunidad científica, lo que probablemente hizo perder mucho tiempo valioso y posibles colaboraciones.

Uno de los mayores logros de Hooke fue su contribución a la microscopía. Causó sensación cuando publicó *Micrographia,* en 1665. Robert Hooke no fue el inventor del microscopio, pero lo mejoró sustancialmente y lo utilizó mejor que nadie antes que él. En esa época, los microscopios eran muy sensibles y difíciles de manejar, por lo que en la mayoría de los casos se obtenía una imagen borrosa del objeto. Gracias a sus mejoras técnicas y a su increíble habilidad con los instrumentos, Hooke obtuvo imágenes nítidas de insectos y de diversos objetos cotidianos. Después, dibujó lo que veía con gran detalle e hizo grabar los dibujos, recopilando todas estas imágenes en su detallado manual del microscopio en *Micrographia*.

El libro fue un éxito entre el público general y los científicos, ya que mostraba objetos conocidos de una forma que nadie había imaginado antes. El efecto de estas imágenes fue tan profundo, que el libro suscitó incluso discusiones religiosas y debates sobre el diseño inteligente. La gente se asombraba de que una mosca doméstica fuera un organismo tan complejo y fascinante. La fascinación generalizada también supuso un gran impulso para los fabricantes de microscopios, ya que todos querían uno. Desgraciadamente, incluso con las mejoras de Hooke y las instrucciones publicadas, la mayoría de la gente seguía teniendo dificultades para obtener imágenes claras, por lo que la sensación decayó con el tiempo.

Hooke también se interesó por el trabajo teórico, contribuyendo a la comprensión de la astronomía de Júpiter, los fósiles y, sobre todo, los resortes. La Ley de Hooke es el resultado de su trabajo en este campo, ya que permite medir la presión y la elasticidad de los muelles. Sin embargo, Hooke era, ante todo, un científico práctico obsesionado con los experimentos, y su propio cuerpo no se libró de esta obsesión. Se sabe que experimentó mucho consigo mismo, ingiriendo medicinas dudosas, plantas venenosas, productos químicos, metales y drogas, como el opio, que añadía a su vino. A pesar de todo, vivió hasta los 67 años. Murió el 3 de marzo de 1703. Hooke es recordado por su versatilidad como científico y como el pionero en el perfeccionamiento de instrumentos y equipos de precisión, y tuvo razón en pensar que esta era una de las piedras angulares del progreso científico en el futuro.

Capítulo 6: John Locke y William Wilberforce: filosofías de la libertad

A medida que Inglaterra entraba en su época de verdadero poder a nivel internacional, iba logrando grandes avances en derecho, fuerza militar, literatura y ciencia. Con unos cimientos tan sólidos, la nación comenzó a perseguir la prosperidad en un nivel completamente nuevo. Esto permitió que se dieran las condiciones óptimas para el desarrollo de la filosofía a principios de la Edad Moderna en Inglaterra y en toda Europa, ya que otras naciones siguieron una trayectoria de desarrollo similar.

En el salón de madame Geoffrin, un cuadro de Charles Lemonnier que representa el Siglo de las Luces[15]

Una de las consecuencias fue el Siglo de las Luces, entre los siglos XVII y XVIII, en el que John Locke desempeñó un importante papel. Esta era de racionalismo revolucionó prácticamente todos los niveles de la sociedad inglesa y europea, con enormes implicaciones históricas. De un modo u otro, condujo al perfeccionamiento de las ideas sobre la libertad, los derechos, el gobierno constitucional y el laicismo, entre muchas otras. Esta época también tuvo un notable efecto sobre la moral, arrojando una nueva luz sobre algunas de las prácticas que antaño se consideraban aceptables. La abolición del comercio de esclavos, perseguida sin descanso por William Wilberforce, ilustra cómo algunas de las ideas de la Ilustración terminaron por imponerse y se pusieron en práctica en todo el mundo.

John Locke

Aparte de sus aportes filosóficos, John Locke también era físico. Como una de las más grandes mentes inglesas de la Ilustración, fue pionero del empirismo en Gran Bretaña y dejó una enorme huella en la filosofía política, especialmente en lo relativo al gobierno, el contrato social y la libertad personal. Algunas de las grandes mentes filosóficas ampliamente exploradas en las clases de sociología básica, como Voltaire y Jean-Jacques Rousseau, recibieron una considerable influencia de Locke.

La libertad personal, los derechos, los límites al poder y al tamaño del gobierno, el imperio de la ley y la representación del pueblo eran aspectos clave de la filosofía política de Locke. La influencia de todas estas ideas es muy evidente en la vida y el discurso político de Occidente en la actualidad, más de trescientos años después de la muerte de Locke. La filosofía de Locke penetró rápidamente en espacios sociopolíticos mucho más allá de Gran Bretaña, abriéndose paso en la ideología que subyace a la Revolución estadounidense y a la Declaración de Independencia. Por sus contribuciones a la teoría liberal primitiva, John Locke es considerado a menudo el «padre del liberalismo».

Vida, academia y política

Locke nació el 29 de agosto de 1632 en el pueblo de Wrington, Somerset, en el suroeste de Inglaterra. Su trayectoria vital estuvo inspirada por su padre, también John, que trabajó como abogado y escribano. El padre de Locke también participó en la guerra civil inglesa de mediados del siglo XVII, luchando en el bando de los parlamentarios. No se sabe con certeza si el legado de su padre sembró las semillas de las posteriores opiniones de Locke sobre el gobierno, pero ese legado y sus ventajas contribuyeron a que el joven John ingresara en la prestigiosa escuela de Westminster.

John Locke llegó a ser un hombre muy culto, tras pasar el periodo comprendido entre 1652 y 1667 entregado a sus estudios. Posteriormente, impartió clases de metafísica, lógica y otras materias en la Iglesia de Cristo de la Universidad de Oxford. Además, Locke estudió medicina y conoció de cerca a varios científicos y académicos distinguidos en Oxford. Otra relación que desempeñó un papel significativo en la vida de Locke fue la de Anthony Ashley Cooper, miembro del Parlamento, con quien entabló amistad.

Cooper se convirtió luego en conde de Shaftesbury, al tiempo que mantenía su estrecha amistad con Locke, que para entonces era un erudito en medicina. Locke fue contratado como médico a domicilio del conde e incluso llegó a practicarle una difícil intervención quirúrgica. Locke y el conde permanecieron unidos durante mucho tiempo, y Locke intervino para ayudar a su amigo incluso cuando este se vio envuelto en problemas políticos.

Las cosas se calentaron especialmente a finales de la década de 1670, cuando el conde de Shaftesbury intentó excluir a James, el duque católico de York, de la sucesión real. Cuando el duque fue coronado como Jacobo II, a pesar de los esfuerzos contrarios del conde y sus aliados, Cooper tuvo que huir del país. Locke lo siguió en el exilio, y poco después lo alcanzó en Holanda, en 1682. Locke regresó a Inglaterra después de que Jacobo II fuera depuesto en la Revolución Gloriosa de 1688 y se restaurara el gobierno protestante con Guillermo III.

Durante los años que Locke pasó bajo el mecenazgo de Shaftesbury, se dedicó a escribir y a desarrollar su filosofía política. El distinguido mecenas de Locke ejerció una influencia significativa en su filosofía. Del mismo modo que siguió a Shaftesbury en las eventuales disputas políticas, Locke también lo siguió durante la primera parte, más pacífica, de su carrera política. En 1672, Locke empezó a dedicarse en serio a la política, por lo que pasó bastantes años al servicio de Shaftesbury antes de publicar sus primeras obras.

Un aspecto notable de la carrera política del conde de Shaftesbury fue su fundación y liderazgo del movimiento *whig*, un partido en fuerte oposición a los *tories*. El elemento básico de la política *whig* era la defensa de la monarquía constitucional, con una visión matizada sobre cómo debía funcionar la monarquía, qué debía y qué no debía hacer el gobierno y, lo más importante, la relación del gobierno con su pueblo. Durante estos activos años de su vida, John Locke aprendió y moldeó muchos de sus puntos de vista políticos clave. Mientras tanto, escribía.

Padre del liberalismo

Tras su regreso a Inglaterra, Locke tuvo un período muy activo de seis años en el que publicó sus escritos más esenciales, exponiendo al mundo sus filosofías. Muchos de estos trabajos habían sido elaborados bastante tiempo antes de su publicación, pero se habían mantenido en privado. De hecho, algunas de las obras más esenciales de John Locke, como los *Dos tratados de gobierno*, se publicaron de forma anónima para evitar repercusiones políticas y persecuciones.

Como empirista acérrimo, Locke sostenía que el conocimiento humano solo podía adquirirse mediante la recopilación y el análisis de hechos, los cuales, a su vez, solo podían adquirirse a través de experiencias sensoriales. Este punto de vista se opone a la idea de que el conocimiento, o al menos algunas de sus formas, pueda ser innato o provenir de algo más allá del individuo que experimenta el mundo a través de los sentidos. Como hombre comprometido con la ciencia, Locke creía que el conocimiento también podía buscarse más allá de la percepción básica del mundo. Para ello, abogaba por el método científico, haciendo especial hincapié en la experimentación minuciosa.

Locke profundizó en esta teoría en su *Ensayo sobre el entendimiento humano*, publicado en 1689 y escrito durante su estancia en los Países Bajos. También, durante ese tiempo, escribió la *Carta sobre la tolerancia*. Estas ideas influyeron en el pensamiento de muchas mentes distinguidas de la Ilustración. Su defensa de la experimentación científica hizo que la influencia de Locke fuera mucho más allá de la filosofía política y contribuyera a dar forma a la Revolución Científica.

En *Los dos tratados de gobierno*, publicado en 1690, Locke expuso algunas de sus opiniones políticas y filosóficas más importantes. Los pareceres que expresa pueden interpretarse como los principios fundacionales de la democracia tal y como se entiende hoy en día. Una de las opiniones más radicales de esta publicación era que los monarcas no tenían derecho divino a gobernar. Se trataba de un ataque a uno de los principios fundamentales del gobierno, tanto en Inglaterra como en la Europa continental.

John Locke[16]

Locke creía, en cambio, que las sociedades debían gobernarse sobre la base de acuerdos mutuos entre el gobierno y los gobernados. En la práctica, esto significaba que los reyes podían y debían ser sustituidos si sus súbditos no los aprobaban. Este punto de vista fue uno de los principios fundamentales de la filosofía de Thomas Jefferson y de la Declaración de Independencia estadounidense de 1776. Locke definió los tres derechos naturales esenciales de todo hombre: la vida, la libertad y la propiedad, que hoy son algunos de los pilares del concepto de derechos humanos universales.

Uno de los aspectos más fascinantes del legado de Locke es su visión de la propiedad, que definió como el producto del trabajo. Esta idea influyó enormemente tanto en Adam Smith como en Karl Marx, considerados dos de las más grandes mentes económicas de la historia y progenitores de dos ideologías o modelos económicos famosamente antitéticos. El punto de vista capitalista y comunista siguen compitiendo por la primacía aún en nuestros días. Otros puntos de vista importantes de John Locke se esbozaron en los *Pensamientos sobre la educación* y en una serie llamada *Cartas sobre la tolerancia*. Estos escritos abogaban por una mejora del estatus de los estudiantes y por la libertad de culto, aunque con excepciones respecto al ateísmo y al catolicismo, debido a las particularidades de la política y los conflictos ingleses de la época.

John Locke fue un pensador que se adelantó tanto a su tiempo, que el residuo de su filosofía impregna el mundo actual con increíble claridad. Su aprecio por el individualismo, el derecho de propiedad y la libertad personal es el fundamento del liberalismo. También es evidente en la cultura política, el discurso y los sistemas de EE. UU., Europa Occidental y las convenciones internacionales. John Locke murió el 28 de octubre de 1704, a los 72 años. Pasó sus últimos días en compañía de una colega filósofa y querida amiga, Damaris Cudworth.

William Wilberforce

En su época, William Wilberforce fue un consumado político y diputado británico. En el parlamento, representó a Yorkshire como miembro independiente. Sin embargo, la vida de William dio un giro dramático en un momento de su carrera y empezó a cambiar por completo su forma de pensar. Se obsesionó con todo tipo de reformas, lo que le condujo a su legado más importante: la abolición de la participación de Gran Bretaña en el comercio de esclavos.

De hecho, Wilberforce se comprometió tanto con la reforma y pensaba de forma tan progresista, que comenzó a defender los derechos de los animales, una búsqueda muy poco habitual en aquellos tiempos. Wilberforce era una especie de anomalía, ya que era esencialmente conservador. Su conservadurismo se reflejaba sobre todo en las políticas internas que apoyaba en Inglaterra y que algunos criticaban por ser socialmente represivas. Mientras tanto, defendía causas progresistas en el extranjero.

Vida personal, política y fe

El 24 de agosto de 1759, William Wilberforce nació en Kingston Upon Hull, Yorkshire. Nació en un ambiente de privilegio y riqueza, hijo único de Elizabeth Bird y Robert Wilberforce, un comerciante de éxito. Fue el abuelo de William quien hizo la fortuna familiar comerciando en el mar Báltico, pero su padre continuó por la misma línea. William se trasladó a Londres cuando aún era joven y vivió con parientes puritanos no conformistas. Allí se sintió como en casa, y las convicciones de sus parientes le dieron la razón desde muy joven. Sin embargo, a la madre de William no le gustó, y finalmente lo mandaron de vuelta a Hull, donde se crió dentro de los confines del anglicanismo.

Su familia se aseguró de que recibiera una educación adecuada; se matriculó en el St John's College de Cambridge en 1776, cuando tenía unos 17 años. William tuvo todas las tentaciones y oportunidades para vivir una vida frívola y despreocupada de joven. Solo dos años antes de ir a Cambridge, recibió una considerable herencia tras la muerte de su abuelo. Recibió otra herencia más cuando murió su tío, en 1777. William ni siquiera había salido de la adolescencia y ya era económicamente independiente.

Su ferviente adhesión religiosa empezó a decaer y en Cambridge empezó a centrarse más en socializar, por lo que disfrutó hasta cierto punto. Sin embargo, nunca desarrolló el gusto por la bebida y otras frivolidades en las que sus colegas participaban habitualmente. A pesar de su aversión por tales excesos, William estaba lejos de ser retraído y nunca fue un extraño en la vida social de su universidad. No rindió especialmente bien en sus estudios, pero sacó partido de su don para la conversación y la comunicación. Durante sus años en Cambridge, conoció a su amigo y aliado durante mucho tiempo, que sería primer ministro, William Pitt el Joven.

Hacia el final de su estancia en Cambridge, Wilberforce decidió presentarse a las elecciones, gastando una alta suma en su campaña para conseguir un escaño en el Parlamento como representante de su ciudad natal, Hull. Esta fue la primera entrada de William en la política, una hazaña impresionante para un joven de 21 años que aún estaba en la universidad. Pasó cuatro años en el Parlamento y su vida dio un nuevo giro espiritual. Mientras recorría Europa con su familia, Wilberforce se topó con algunos escritos evangélicos y quedó especialmente cautivado por *El ascenso y progreso de la religión en el alma*, de Philip Doddridge.

Este libro influyó enormemente en la mente y la espiritualidad de Wilberforce, motivándolo a volver a la religión a lo grande. De repente, empezó a introducir cambios radicales en sus hábitos, su estilo de vida y su forma de pensar. Ya no se conformaba con ser un niño rico que se paseaba alegremente sin preocuparse por nada, sino que empezó a estudiar la *Biblia*, dejó de jugar, abandonó por completo el alcohol y empezó a levantarse temprano todos los días. De repente, el camino de William en la vida se hizo claro para él, como si fuera una revelación divina. Siguió por ese camino el resto de su vida, firmemente decidido a dejar el mundo mejor de lo que lo había encontrado.

Poner fin a una era de explotación atroz

Según sus propias palabras, su misión consistía en dos grandes objetivos que Dios le había fijado: acabar con la trata de esclavos y reformar la moral. Wilberforce se veía a sí mismo como un reformista moral en general y la abolición era el mayor y más importante objetivo en ese camino. Pasó un tiempo después de su renacimiento evangélico para que el objetivo principal de William se cristalizara y se diera cuenta de que su propósito era acabar con la esclavitud.

Cuando Wilberforce se unió a la lucha, el movimiento abolicionista ya estaba en marcha. Entró en contacto hacia 1787, tras conocer a Thomas Clarkson y a un grupo de abolicionistas afines, que más tarde se organizaron como los Testonitas. El grupo vio en Wilberforce un candidato adecuado para presionar en el Parlamento a favor de sus objetivos. Se trataba de un papel de liderazgo en el movimiento, que William encontró un tanto desalentador. Apoyaba firmemente la causa, pero tenía dudas sobre su capacidad para contribuir en la forma en que Clarkson y otros querían que lo hiciera.

William Wilberforce[17]

William aceptó esta misión histórica y, a finales de la década de 1780, ya estaba utilizando su posición política para promover la causa. Gracias a la labor del Comité para la Abolición de la Trata de Esclavos, las horribles iniquidades del comercio de esclavos estaban bien expuestas al público en aquella época. Los activistas utilizaron testimonios de participantes arrepentidos de la trata de esclavos, carteles que presentaban las espantosas condiciones en los barcos negreros y otros materiales para comunicar eficazmente su mensaje. Los sentimientos cristianos relacionados con la compasión, la dignidad humana y la moralidad fueron especialmente importantes para impulsar la campaña y hacer que la opinión pública se opusiera a lo que se consideraba una de las mayores vergüenzas de Gran Bretaña.

El apoyo político a la causa creció en el parlamento, pero los opositores de la abolición contaban con la enorme institución de un comercio antiguo y bien establecido. El proceso político hacia la abolición fue un esfuerzo largo y agotador. El primer intento de aprobar un proyecto de ley abolicionista se presentó en 1789, pero fue rechazado por un margen significativo. Los abolicionistas siguieron haciendo campaña e intentando aprobar leyes, pero circunstancias como el conflicto de Gran Bretaña con Francia durante las guerras revolucionarias francesas (1792-1802) relegaron la abolición a un segundo plano en la lista de prioridades.

A principios del siglo XIX resurgió el interés por el tema. Tras la muerte de William Pitt, amigo de Wilberforce, en 1806, los abolicionistas volvieron a intentarlo, esta vez utilizando una estrategia de implementar cambios graduales. El proyecto de ley propuesto era limitado y se centraba principalmente en prohibir a los comerciantes de esclavos comerciar con las colonias de Francia. La idea inicial era debilitar el negocio mientras se preparaba una ley de abolición mucho más amplia, para presentar cuando mejorara el clima político. Este planteamiento fue idea de James Stephen, y funcionó, probablemente debido a la hostilidad general que se sentía hacia Francia en aquella época. El comercio de esclavos persistió, pero se eliminó una gran parte de sus ingresos.

Tras este golpe, se produjo un enorme avance antes de lo esperado. Al año siguiente se aprobó la Ley sobre el Comercio de Esclavos de 1807 por una abrumadora mayoría parlamentaria. El comercio de personas esclavizadas era oficialmente ilegal en todo el Imperio británico. Por desgracia, esta ley no liberó a las personas que habían sido esclavizadas antes de la votación. Desde un punto de vista económico, liberar a todas las personas esclavizadas habría supuesto un trastorno mucho mayor que simplemente ilegalizar el comercio futuro, por lo que quedaba mucho trabajo por hacer.

Wilberforce pasó muchos años haciendo campaña por la abolición total de la práctica, al tiempo que trabajaba en otros asuntos. En esta fase tardía del movimiento, hacia 1821, encontró en Sir Thomas Fowell Buxton un importante aliado. Juntos siguieron presionando por la emancipación, lo que llevó a la creación de la Sociedad Antiesclavista, en 1823. Poco después, Wilberforce cedió su curul parlamentaria a Buxton, dejándolo efectivamente a cargo de la lucha política. A partir de 1825, William pasó sus últimos años retirado, aún atento a las noticias relacionadas con la obra de su vida. La Ley de Abolición de la Esclavitud se votó el 26 de julio de 1833, y William Wilberforce murió tres días después, a la edad de 73 años.

Capítulo 7: James Watt y George Stephenson: vapor y acero

La Revolución Industrial fue otra época decisiva que marcó un punto de inflexión en el desarrollo humano. Fue un periodo que cambió fundamentalmente la forma de vida de muchas personas y provocó un aumento sin precedentes de la urbanización. También fue una época dura en muchos sentidos, ya que los nuevos medios de producción y un panorama tecnológico en rápida evolución chocaron con una legislación anticuada que luchaba por mantenerse al día. Los problemas medioambientales, las duras condiciones de trabajo, el trabajo infantil, la obsolescencia de ciertos empleos debido a la maquinaria y la aparición del capital como principal fuente de riqueza y poder, en lugar de la propiedad de la tierra, fueron algunos de los temas más candentes de la época.

Hierro y carbón, un cuadro de William Bell Scott que representa la Revolución Industrial[18]

Por supuesto, hay quienes sostienen que el progreso tiene un costo inevitable, y en la Revolución Industrial no hubo escasez de progreso. Gran parte de lo que mantiene en marcha el proceso de fabricación y la economía mundial en la actualidad se remonta directamente a la Revolución Industrial. Esta época de grandes inventos se ha definido en periodos diferentes, aunque el más amplio y aceptado es el comprendido entre 1760 y 1840. Gran Bretaña fue el epicentro desde el que se originaron los numerosos avances de la revolución y se extendieron por todo el mundo. Muchas mentes brillantes contribuyeron en esta época, y nombres como James Watt y George Stephenson se convirtieron en sinónimos de avance en este periodo.

James Watt

James Watt, inventor escocés, es un recordatorio de que la historia inglesa forma parte de un todo británico más amplio, en el que muchas contribuciones de incalculable valor fueron realizadas por personas que no procedían de un entorno puramente inglés. Watt fue sin duda una de las figuras cruciales en el desarrollo global de la humanidad, dejando tras de sí un legado que se percibe directamente en el mundo actual como muy pocas personas lo han hecho. Su obra, que marcó una época, ilustra también que el progreso procede de una larga cadena de grandes pensadores cuyo genio se nutre de los anteriores y condiciona a los que vienen después. James Watt no inventó la máquina a vapor, pero se aseguró de que la humanidad explotara el verdadero potencial de este invento que cambió el mundo.

Las primeras luchas de Watt

James Watt nació en la ciudad escocesa de Greenock, Renfrewshire, el 19 de enero de 1736. De niño, Watt era bastante frágil y propenso a los problemas de salud, lo que lo llevó a tener una vida muy protegida en sus años de formación. Por ello, su madre lo educó en casa. Desde muy pequeño mostró interés por la ingeniería y la mecánica, especialmente por los instrumentos matemáticos de precisión, como balanzas, brújulas, cuadrantes y artilugios similares. Afortunadamente para James, desde pequeño tuvo la oportunidad de jugar con este tipo de instrumentos gracias a su padre, que era un contratista de éxito dedicado a la construcción naval. James Watt padre dirigía varios talleres y permitía a su hijo entrar y utilizar las herramientas, bancos y cualquier otra cosa que necesitara para satisfacer sus impulsos creativos.

Tras los primeros años de educación en casa, James empezó a asistir a la escuela primaria, donde recibió clases de griego, latín y matemáticas. No mostraba mucho interés por los idiomas, pero las matemáticas le gustaban. Entre su autoeducación práctica en los talleres de su padre y los conocimientos que iba acumulando en la escuela, James Watt formó una sólida base intelectual para seguir aprendiendo al llegar a la adolescencia. A los 17 años, James ya sabía lo que quería hacer con su vida: diseñar y construir instrumentos.

El primer movimiento de James Watt en busca de una carrera profesional se produjo cuando se trasladó a Glasgow en busca de trabajo. Esto se debió en parte a que los negocios de su padre habían empezado a tener problemas, lo que llevó a James a intentar ganar dinero con su pasión de fabricar instrumentos matemáticos. Su estancia inicial en Glasgow duró poco, y pronto se trasladó a Londres, donde buscó formación adicional en su oficio. En esa época, cuando James tenía 18 años, falleció su madre y la salud de su padre empezó a deteriorarse. El propio James seguía luchando con los problemas de salud que le aquejaban desde la infancia y sufría dolores de cabeza con regularidad.

El año que pasó en Londres, entre 1755 y 1756, no fue una época fácil para Watt, pero acumuló importantes conocimientos y habilidades gracias a su formación. Regresó a Glasgow en 1757 y decidió montar una tienda para fabricar y vender instrumentos. Sin embargo, encontró muchos obstáculos en esta empresa, principalmente debido a su falta de experiencia, credenciales y conexiones.

Fue entonces cuando el destino decidió finalmente tender la mano a James Watt y le dio la oportunidad de restaurar y mejorar los instrumentos astronómicos recientemente adquiridos por la Universidad de Glasgow. El trabajo de Watt fue impresionante y rápidamente atrajo la atención de los profesores de la universidad. Como resultado, se animó a Watt a abrir su taller junto a la universidad. Así conoció al científico Joseph Black y al legendario economista Adam Smith.

El poder del vapor

James Watt empezó a estudiar las máquinas de vapor en 1759, cuando un conocido de la universidad, John Robinson, le presentó la máquina de Newcomen. Las de Newcomen eran diseños muy rudimentarios que ya eran bastante obsoletos en aquella época. Estas sencillas máquinas de vapor se utilizaban desde hacía casi cinco décadas, principalmente en las minas, para bombear agua. Bautizadas con el nombre del hombre que las inventó y patentó en 1703, Thomas Newcomen, estas primeras máquinas de vapor atrajeron la atención de John Robinson como una forma potencial de impulsar el movimiento. Se trataba de una idea bastante novedosa en aquella época, ya que las limitaciones tecnológicas de los motores Newcomen no permitían tales aplicaciones, pero el principio estaba ahí, y Watt se quedó pensando en la idea.

Al principio, James Watt se dedicó únicamente a experimentar con la energía del vapor y a intentar construir sus propios modelos de motores. Los experimentos consistían en acoplar cilindros y pistones de vapor a ruedas unidas por engranajes. La idea era fabricar un modelo que funcionara y utilizarlo para propulsar el movimiento, a diferencia de las tradicionales máquinas de Newcomen, relegadas a funciones estacionarias. Los intentos de Watt de construir un modelo funcional no tuvieron éxito, pero todo el proceso le sirvió para aprender mucho sobre las máquinas de vapor y la energía térmica.

A finales de 1763 y principios de 1764, Watt pudo hacerse con un motor Newcomen de tamaño real cuando otro amigo de la universidad le invitó a arreglar uno. Ahora que por fin estaba trabajando con una máquina a vapor, lo que más le llamó la atención a Watt fue la cantidad de vapor que desperdiciaba la máquina. Se trataba de una energía preciosa que podría destinarse a algo útil, pero en su lugar, tres cuartas partes de la energía térmica se destinaban a mantener caliente el cilindro de la máquina después de cada ciclo.

James Watt[19]

Al final, la máquina introducía agua fría en el cilindro para condensar el vapor y reducir la presión. El proceso repetido de calentamiento y enfriamiento era el principal problema, ya que desperdiciaba valiosa energía térmica y limitaba enormemente la utilidad del motor para tareas más complejas. Lo que James Watt tenía que hacer era encontrar la manera de conservar todo ese calor y convertirlo en energía mecánica.

En resumen, el mayor problema de las máquinas de vapor de la época era su ineficacia y el terrible gasto de combustible.

En 1765, James Watt se dio cuenta de que la clave para preservar el calor latente de una máquina a vapor era separar el proceso de condensación del cilindro. Se le ocurrió la idea de crear una cámara especial destinada a la condensación y conectada al cilindro. Su solución se conoció como el condensador separado y fue su primer gran invento que lo cambió todo. Sin embargo, este camino revolucionario no fue fácil. Watt tuvo que luchar para patentar su invento, y el trabajo de diseñar y construir un motor que funcionara plenamente requería financiación.

Un amigo de Watt, Joseph Black, le ayudó con un préstamo que le permitió construir un motor de pruebas sencillo, pero demostrativo. En esa época, Watt también conoció a John Roebuck, un reputado científico e inventor que había fundado Carron Iron Works, y se asoció con él. Tras asociarse en 1768, Watt pudo trabajar mucho más en su diseño y, al año siguiente, consiguió una patente. En 1772, Roebuck quebró y surgieron nuevas dificultades, pero Watt las superó al asociarse con Matthew Boulton. Boulton era un distinguido industrial de la primera época que poseía la fábrica Soho Manufactory, cerca de Birmingham, y podía destinar importantes recursos al prometedor trabajo de Watt. Esta lucrativa asociación garantizó que Watt pudiera ampliar su patente en 1775 hasta 1800. Durante los veinticinco años siguientes, Boulton y Watt mantuvieron su asociación, permitiendo al inventor contar con trabajadores bien formados y con todas las herramientas que necesitaba. Así, el perfeccionamiento de la máquina a vapor avanzó a un ritmo mucho más rápido.

A lo largo de estos años, Boulton fue mucho más que un financiador. Ofreció una valiosa orientación, sólidos consejos comerciales y numerosas ideas ingeniosas sobre cómo seguir mejorando la máquina. Watt consiguió numerosas patentes nuevas cuando terminó su máquina. El toque final llegó en 1790 con la introducción del manómetro, momento en el que el motor de Watt estaba casi listo. Watt vivió para cosechar los beneficios de su trabajo, amasando una considerable fortuna incluso antes de que la versión final del motor estuviera terminada. Con la ayuda de Boulton y la renta constante de regalías procedentes de sus patentes, Watt se aseguró económicamente y pudo dedicarse a otras actividades. Tanto él como Boulton fueron admitidos en la Royal Society en 1785.

El motor de Watt proliferó rápidamente en varias industrias, pero quizá su verdadero valor radica en todos los inventos menores que se incorporaron al producto final. Abrió nuevos caminos en múltiples áreas del diseño de motores, precipitando muchos saltos tecnológicos posteriores. Gracias a Watt, los motores pudieron ser más pequeños y eficientes al mismo tiempo. En 1804, solo cuatro años después de la muerte de las patentes de Watt, Richard Trevithick diseñó la primera locomotora a vapor. Aunque estos primeros modelos dejaban mucho que desear, era solo cuestión de tiempo para que más grandes mentes se unieran al empeño e hicieran realidad el transporte ferroviario, cambiando el mundo para siempre. James Watt vio florecer algunas de estas nuevas tecnologías antes de fallecer a los 83 años, en 1819.

George Stephenson

Por sus extraordinarias hazañas en ingeniería civil y mecánica y sus contribuciones al desarrollo de la infraestructura ferroviaria, George Stephenson es recordado como el padre del ferrocarril. Mientras James Watt perfeccionaba el motor, Stephenson se aseguraba de que Gran Bretaña y la humanidad pudieran sacar de esta tecnología el máximo beneficio. El genio de George Stephenson solo era igualado por su insaciable sed de mejora, tanto en sí mismo como en su trabajo. De hecho, Stephenson, más que un inventor, es un recordatorio del potencial ilimitado que un individuo, incluso desfavorecido, puede liberar a través de la voluntad y la incesante superación personal.

Del analfabetismo a la ciencia

Entre los héroes de la Revolución Industrial, la historia de cómo George Stephenson surgió y se hizo un nombre destaca por ser un viaje especialmente difícil. George nació el 9 de junio de 1781 en la aldea inglesa de Wylam, de padres obreros y analfabetos. Como es fácil de imaginar, la vida de la clase trabajadora en aquella época era una eterna batalla cuesta arriba. El padre de George llevaba la comida a la mesa trabajando como mecánico y operador de una máquina a vapor Newcomen, bombeando agua de una mina de carbón en Newcastle upon Tyne, a unas nueve millas al este de Wylam. Al igual que muchos otros trabajadores de la primera era industrial, ganaba un mísero salario que apenas bastaba para mantener a su familia.

Cuando George nació, la vida en los pueblos mineros estaba llena de caballos tirando de carros y carretas cargadas de carbón, ya que no había locomotoras. Esta es una imagen que el trabajo histórico de James Watt y George Stephenson cambiaría para siempre. De niño, aunque George no tenía prácticamente ninguna perspectiva, se había comprometido a cambiar esa circunstancia. Desde su adolescencia, George empezó a realizar pequeños trabajos donde podía. Testigo de las penurias de sus padres y previendo el mismo destino para él en un ciclo de pobreza, George se dio cuenta del valor de la educación desde el principio. Desgraciadamente, sus padres no tenían medios para pagar sus estudios.

Durante un tiempo, George tuvo que trabajar en las minas como obrero, pero no tardó en empezar a ascender. Con el tiempo, a los 19 años, se convirtió en operador de Newcomen, como su padre. Tenía un don para reparar y mantener motores y otros equipos mineros, lo que hacía a pesar de seguir siendo analfabeta. Mientras trabajaba, George asistió a una escuela nocturna para aprender matemáticas básicas y a leer y escribir, lo que le abrió nuevas oportunidades. Además, aprendió varios oficios, como reparar zapatos y relojes, para obtener ingresos adicionales.

George también se casó, lo que reforzó aún más su determinación de pasar todas las horas del día trabajando duro y aprendiendo. Tras la muerte de su esposa, George tuvo que cuidar solo de su hijo Robert. Se aseguraba de que su hijo fuera a la escuela y dedicaba tiempo todos los días para ayudarle con los deberes, con la esperanza de que su hijo no tuviera que esforzarse tanto como él.

Padre del ferrocarril

Todo empezó en 1813, cuando George Stephenson fue invitado por John Blenkinsop a visitar una mina de carbón cercana. Blenkinsop quería que George echara un vistazo a su artilugio, al que se refería como

George Stephenson[20]

una caldera de vapor sobre ruedas y que se utilizaba para transportar carbón desde la mina. La idea estaba ahí, pero este improvisado aparato rudimentario era propenso a estropearse. Blenkinsop introdujo una tercera rueda dentada sobre un carril dentado en medio de las vías para maximizar la tracción, ya que creía que los rieles de madera normales eran demasiado lisos para una máquina de semejante peso.

Stephenson vio esta máquina y, por su naturaleza, se preguntó inmediatamente cómo podría mejorarse. Para entonces, Stephenson se había convertido en el mecánico jefe de la mina de carbón de Killingworth, propiedad de lord Ravensworth. Ravensworth tenía los medios para apoyar las ideas de Stephenson y verlas materializadas. Estaba encantado de hacerlo, dada la reputación de George de estar dotado para todo lo relacionado con las máquinas de vapor. Los esfuerzos subsiguientes dieron como resultado la construcción por Stephenson de la Blucher, una locomotora capaz de arrastrar ocho vagones llenos a una velocidad de seis kilómetros por hora.

Para Stephenson, esto no era más que un prototipo. Pronto consiguió aumentar la potencia de la locomotora utilizando una chimenea como escape, lo que aumentaba la atracción del aire, con la consiguiente corriente de aire produciendo una pequeña explosión. A partir de entonces, Stephenson siguió construyendo motores cada vez mejores y más prácticos, lo que lo convirtió en una pequeña leyenda de la industria minera del carbón.

También saltó a la palestra pública tras inventar su propia lámpara de seguridad, que reducía el riesgo de explosiones en caso de escape de gas dentro de una mina. Este invento suscitó polémica porque Humphry Davy, un distinguido científico, estaba trabajando en el mismo problema. Los dos inventores presentaron sus dispositivos casi al mismo tiempo y, aunque los diseños eran significativamente diferentes, Stephenson fue acusado de plagio, probablemente debido a la falta de credenciales científicas a su nombre.

El ascenso a la fama de Stephenson como padre del ferrocarril comenzó en 1821, cuando se enteró de un proyecto de ferrocarril que conectaba Stockton y Darlington. La idea del proyecto era utilizar caballos para transportar carbón a lo largo de este ferrocarril, lo que significaba una enorme oportunidad para Stephenson. Expuso su idea de una locomotora de vapor, impresionando a los responsables del proyecto. Solo cuatro años después, en 1825 se produjo el nacimiento de un nuevo modo de transporte cuando Stephenson ideó su Locomotora nº 1, llamada inicialmente Activa.

Las implicaciones de esta máquina innovadora y práctica fueron increíbles, dejando claro que el tren podía hacer mucho más que transportar carbón. La línea entre Darlington y Stockton se abrió pronto al transporte público, albergando el primer tren de pasajeros de la historia. Podían viajar 450 personas a la vez por la vía férrea a una impresionante velocidad de 24 kilómetros por hora. No pasó mucho tiempo hasta que George y su querido hijo y socio, Robert, recibieron encargos para grandes proyectos ferroviarios, como el ferrocarril de cuarenta millas entre Liverpool y Manchester.

Padre e hijo, que desde 1823 trabajaban bajo el nombre de «Robert Stephenson and Company», finalizaron en 1829 sus trabajos en la línea Liverpool-Manchester. Antes de inaugurar la línea, organizaron un concurso de locomotoras para superar los límites de velocidad. Como era de esperar, la nueva locomotora de George y Robert, la Rocket, voló a 36 millas por hora. La línea se inauguró oficialmente en septiembre de 1830 y, a partir de ese momento, la infraestructura ferroviaria proliferó por todo el mundo a una velocidad vertiginosa. George Stephen continuó construyendo nuevas máquinas y ferrocarriles con su hijo, al tiempo que trabajaba como consultor en proyectos en todo el planeta. Murió el 12 de agosto de 1848, como un hombre consumado de 67 años que cambió el mundo. George dejó tras de sí un legado colosal y un digno sucesor, Robert, que fue considerado por algunos como el mejor ingeniero del siglo XIX.

Capítulo 8: Charles Dickens y Florence Nightingale: reforma y compasión

La larga y agitada Era Victoriana fue un periodo definitivo de la historia británica moderna. Existen algunas definiciones convencionales de este periodo, una de las cuales es el largo reinado de la reina Victoria, entre 1837 y 1901. Debido al peso cultural, social y político de este periodo, existe también una definición más amplia, que sitúa la Era Victoriana entre 1820 y 1914. Fue un periodo de crecimiento para Gran Bretaña en casi todos los sentidos, especialmente en el político y el económico. Las clases socioeconómicas se definieron con mayor claridad, pero también se desarrolló el proceso democrático, permitiendo el derecho al voto a un mayor número de personas.

La Era Victoriana debe su nombre a la reina Victoria[21]

Durante la Era Victoriana, Gran Bretaña se convirtió en la superpotencia imperial global que ahora se reconoce ampliamente. Todo este crecimiento exponencial, la riqueza, la industrialización y el poder, facilitaron nuevos avances en la cultura, el arte y la ciencia, entre otras. Al mismo tiempo, la cambiante e industrializada sociedad victoriana abrió más espacios para que la gente dedicara sus pensamientos a cuestiones de conciencia y compasión. Esto fue particularmente evidente en el surgimiento de la enfermería moderna, gracias a los esfuerzos de Florence Nightingale, y a las novelas y críticas sociales ampliamente populares de Charles Dickens.

Charles Dickens

Puede que el nombre de Charles Dickens no tenga el alcance mundial de Shakespeare, pero se acerca. En el mundo occidental, especialmente entre los angloparlantes, Dickens goza de un estatus legendario. Charles Dickens fue increíblemente popular durante su carrera y utilizó sabiamente su fama y popularidad para plantear perspicaces críticas sociales a través de su obra y sus personajes. Hizo un uso muy inteligente de recursos argumentales, como los *cliffhangers*, para atraer a los lectores y mantener su interés en sus obras por entregas. Las obras de Charles Dickens siguen siendo muy populares, leídas y estudiadas en la actualidad. Proporcionan una valiosa visión de la mentalidad y la dinámica social de la Inglaterra victoriana, al tiempo que exploran temas que siguen siendo relevantes en el mundo actual.

Los primeros años del mayor novelista victoriano

El gigante entre los novelistas de la humanidad, famoso por *David Copperfield*, *Oliver Twist*, *Historia de dos ciudades* y muchas otras obras maestras, nació el 7 de febrero de 1812 en la ciudad de Portsmouth, situada en la isla de Portsea. El padre de Charles, John Dickens, tenía un empleo de oficinista en la Royal Navy, lo que le habría proporcionado a un inglés promedio un salario digno en la época victoriana. Sin embargo, John era notoriamente irresponsable con las finanzas de su familia, lo que creó muchos problemas a su esposa, Elizabeth, y a sus ocho hijos.

La familia se trasladó varias veces mientras Charles era muy joven, ya que los problemas financieros de su padre se convirtieron gradualmente en una acumulación de deudas. John fue finalmente encarcelado a causa de sus indiscreciones cuando Charles tenía solo doce años. Debido a esta difícil situación, Charles tuvo que dejar la escuela y empezar a trabajar antes de llegar a la adolescencia. Trabajaba en la fábrica Warren's Blacking Warehouse, donde se encargaba de pegar etiquetas en los envases de betún, oficio conocido *blacking*.

A los doce años, Charles era un chico listo, pero sus turnos diarios de diez horas en este trabajo extenuante le resultaban insoportables. Posteriormente, lo recordaría como uno de los peores momentos de su vida. Las cosas empezaron a mejorar un par de años más tarde, cuando su padre fue liberado de su condena en la prisión de deudores. El regreso de su padre alivió algunas de las presiones financieras, lo que permitió a Charles volver a asistir parcialmente a la escuela. Pero no duró mucho, ya que a los quince años volvió a trabajar, esta vez en una oficina.

Nunca se conformó con un trabajo de baja categoría, sino que aprovechó todas las oportunidades que tuvo para formarse y adquirir nuevas habilidades. Siendo aún adolescente, aprendió a taquigrafiar y, con el tiempo, obtuvo el título de taquígrafo. Esto le abrió nuevas oportunidades laborales, y pronto empezó a trabajar en los tribunales de Londres como reportero. Le fue bien desempeñando esta labor y fue contratado por más de un periódico londinense a principios de la década de 1830.

Sin embargo, escribir como reportero no hizo más que abrir el apetito de Charles, que pronto estuvo deseoso de seguir su propio camino. Sus primeros pasos como escritor independiente los dio en el mundo de los *sketches*, que escribió y presentó a numerosas revistas, periódicos y otras publicaciones a partir de 1883. Dickens escribía y presentaba sus trabajos bajo el apodo de «Boz», que utilizaba como seudónimo. Los textos que escribía eran piezas cortas que giraban en torno a los diversos aspectos de la vida londinense. Según recordaría más tarde, la primera vez que depositó uno de sus manuscritos en el buzón de una publicación se sintió preocupado y asustado. Lo hizo de forma encubierta y completamente anónima, dejando su envío y esperando lo mejor.

El primer relato que publicó con éxito fue *Una cena en Poplar Walk*, aceptado por The Monthly Magazine. Charles apenas podía contener su emoción y describió la sensación de ver su trabajo en una revista como alegría pura, pues sabía que su vida había dado un giro. Sus pequeños relatos fueron ganando poco a poco un público de lectores que se aficionaron a sus temas y a su estilo. Tras acumular una serie de envíos exitosos, Charles Dickens publicó su primera colección en 1836, titulada simplemente *Sketches by «Boz»*. Las ilustraciones de la colección fueron realizadas por George Cruikshank, un ilustrador y caricaturista bastante consumado en aquella época, además de amigo de Dickens.

Éxito y legado

Las experiencias personales, las dificultades de su infancia y los problemas socioeconómicos de Inglaterra en la época victoriana impregnan gran parte de la obra de Charles Dickens. Su difícil educación y los comienzos de su carrera no endurecieron el corazón de Charles ni provocaron tendencias misántropas. Muy al contrario, Dickens infundió en gran parte de su obra un notable grado de compasión por la clase trabajadora, los pobres y los oprimidos.

La primera colección de obras cortas que Dickens publicó tuvo un éxito considerable, lo que le abrió más oportunidades de publicación y permitió que su carrera floreciera. Su posterior trabajo con ilustraciones se convirtió en *Los papeles Pickwick*, que fue la primera novela publicada de Dickens, publicada como serie entre 1836 y 1837. Dos años más tarde apareció *Oliver Twist*.

Charles Dickens era un gran trabajador y aumentó sus éxitos a un ritmo rápido, publicando *Nicholas Nickleby* y *The Old Curiosity Shop* en 1841. Aunque ya había establecido una carrera como novelista, Dickens continuó escribiendo artículos como actividad secundaria. Dickens era más que popular y su obra causó sensación. Su habilidad para construir personajes fascinantes y tejer narraciones de sus vidas caló hondo en las masas.

Charles Dickens[22]

Muchas de las obras de Dickens incorporaban aspectos trágicos y el suficiente alivio cómico para mantener a la gente emocionalmente enganchada y satisfecha. Sus historias resultaban familiares porque conocía la vida de la clase trabajadora y sentía una gran empatía con ella. Los destinos y las difíciles circunstancias que acontecían a sus personajes eran algo que muchos de sus lectores o sus conocidos habían experimentado. Sin embargo, incluso quienes no tenían esos antecedentes ni contacto con esa vida encontraban interesantes las historias de Dickens, porque ofrecían una ventana al mundo de una parte significativa de la población de la Inglaterra victoriana.

La habilidad de Dickens para crear suspenso con su obra por entregas también fue de gran ayuda para mantener a los lectores enganchados a las historias. Los editores estaban contentos de tener un flujo constante de material popular y el público estaba ansioso por ver cómo iban a terminar las historias. En cierto modo, las obras de Dickens se asemejan al modo en que funcionan las series de televisión en la actualidad. La gente especulaba, comentaba los últimos acontecimientos con sus amigos y familiares y esperaba con impaciencia el siguiente episodio. La popularidad de Dickens pronto llegó más allá de Inglaterra, y se convirtió en un personaje célebre internacionalmente. A principios de la década de 1840, Dickens arrasó en Estados Unidos, consolidándose como una estrella internacional a la edad de treinta años. Cuando visitó América en esa época, recibió saludos y una calurosa bienvenida de admiradores de todas partes.

En la década de 1840, Dickens también empezó a implicarse socialmente, recorriendo zonas industriales, hablando a los trabajadores y señalando las desigualdades socioeconómicas de la época. La necesidad de abordar estos temas dio origen a *Cuento de Navidad* a finales de 1843, una de sus novelas más queridas. Después continuó con sus viajes y su activismo, al tiempo que escribía prolíficamente, publicando *David Copperfield, Tiempos difíciles, Dombey e hijo* y muchas otras obras de éxito. A lo largo de la década de 1850, Dickens había amasado una fortuna considerable y se había asentado cómodamente en su vida como figura pública, a menudo invitado a leer en público.

A pesar de su éxito y riqueza, Dickens tuvo problemas en su vida personal. Se vio envuelto en un escándalo cuando abandonó a su esposa, con la que tuvo diez hijos, por tener una aventura con Ellen Ternan, una joven actriz. La hija de Dickens, Kate, contó más tarde que su padre y Ellen habían tenido una hija que había muerto siendo bebé. Además de la ruptura de su hogar, otras relaciones personales también se resintieron en los años siguientes, pero Dickens siguió ganándose la vida con sus giras hasta el final de su vida. Dickens murió de un derrame cerebral en junio de 1870, mientras trabajaba en *El misterio de Edwin Drood*. Su obra sigue siendo muy apreciada, y el peso de su legado se evidencia en las numerosas adaptaciones e interpretaciones que ha inspirado en la literatura, el teatro, la televisión, el cine y muchas otras formas de arte.

Florence Nightingale

A lo largo de la mayor parte de la historia de la guerra, las enfermeras han existido de una u otra forma para cuidar a los heridos, por lo que ciertamente la enfermería no era un concepto nuevo en la Inglaterra victoriana. Lo que hacía falta, sin embargo, era que alguien revolucionara la enfermería y la convirtiera en una vocación más organizada y profesional. Florence Nightingale se convirtió en uno de los mayores íconos victorianos al hacerlo. También fue una escritora consumada, una estadística dotada y una reformista social que hizo mucho más que crear la profesión moderna de la enfermería. Primero, se dio a conocer durante la guerra de Crimea, entre 1853 y 1856, cuando dirigió y formó a enfermeras en el frente, pero esto fue solo el principio de sus muchas contribuciones, que produjeron diversos efectos positivos en la sociedad.

El despertar de la dama de la lámpara

Florence Nightingale llegó al mundo el 12 de mayo de 1820, nacida en su ciudad homónima de Italia, Florencia. Nació en el seno de una acaudalada familia británica, hija de William Edward y Frances Nightingale. El hecho de que naciera en Italia fue algo accidental, ya que sus padres estaban de vacaciones en Florencia como parte de su luna de miel. Fue una luna de miel prolongada, y tras el nacimiento de Florence pasaron unos meses antes de que los Nightingale regresaran a Inglaterra. Florence pasó la mayor parte de sus años de juventud en casas bifamiliares, incluyendo una en Derbyshire, en el centro de Inglaterra, y otra en Embley, Hampshire.

De niña, Florence recibió una amplia educación, sobre todo en lenguas, historia, filosofía y gramática. En contra de las convenciones de género de la época y de una pequeña resistencia por parte de sus padres, Florence también recibió clases particulares de matemáticas cuando tenía alrededor de veinte años. Tenía una mente aguda y una gran sed de actividades intelectuales. En lugar de dedicarse a las tareas domésticas, Florence prefería leer filosofía y debatir con su padre sobre política y asuntos sociales. Aparte de su educación, Florence se interesó por el trabajo humanitario y la filantropía cuando aún era una adolescente. A menudo se ofrecía como voluntaria para ayudar a los enfermos, especialmente a los pobres.

Según explicó más tarde, el 7 de febrero de 1837 fue un momento decisivo en su vida porque ese día oyó la voz de Dios. Esta fue una de varias experiencias de este tipo, a las que ella se refería como «llamadas de Dios». Explicó que había recibido un mensaje que la instaba a dedicar su vida a reducir el sufrimiento de la humanidad. Esta misión era algo natural para Florence, y pronto se dio cuenta de que lo mejor era ser enfermera. A pesar de su pasión y del trabajo voluntario que había hecho hasta entonces, Florence tuvo dificultades para matricularse en un programa de formación. Esto se debió principalmente a que sus padres no querían que fuera enfermera, ya que era un camino que veían demasiado bajo para su hija y su clase social.

Florence no expresó ningún interés por el matrimonio, rechazando una propuesta de Richard Monckton Milnes, que en realidad le gustaba. Aunque lo consideraba adecuado, Florence le dijo que ella debía seguir una misión que iba más allá de la vida tradicional en el hogar. Las objeciones de su familia terminaron siendo inútiles y Florence se matriculó en la Institución de Diaconisas Protestantes de Alemania a principios de la década de 1850.

Un legado de cuidados

Tras un breve periodo de trabajo cerca de París, regresó a Inglaterra en 1853 y comenzó a trabajar como enfermera en la Institución para el Cuidado de Mujeres Enfermas de Londres. Su educación y la pasión que sentía por su trabajo hicieron que Florence destacara rápidamente, lo que le valió el puesto de superintendente de la institución. A pesar de estar muy ocupada, también trabajó como voluntaria en otros lugares, especialmente en un hospital de Middlesex. Fue allí donde se enfrentó por primera vez al problema de las pésimas condiciones higiénicas. Luchó con uñas y dientes para introducir reformas que cambiaran las condiciones insalubres que contribuían al brote de cólera en el hospital. Al introducir nuevas prácticas y elevar la higiene, Florence redujo considerablemente la tasa de mortalidad del brote.

Florence Nightingale[23]

Florence se hizo famosa por su servicio en la guerra de Crimea, que comenzó en octubre de 1853. Esta guerra en el mar Negro enfrentó al Imperio británico y sus aliados con Rusia. Aparte de esta guerra, la Era Victoriana fue pacífica para Gran Bretaña, al menos en la política con las grandes potencias. El público siguió las noticias del frente con gran interés, y pronto llamó la atención sobre la falta de estándares en la atención médica a los heridos y enfermos. Oír historias de combatientes británicos heridos en hospitales insalubres enfureció al público. Florence sabía que debía hacer algo y partió hacia el Imperio otomano en 1854 con otras 38 enfermeras a su cargo.

Cuando las enfermeras llegaron a la zona de guerra, se dieron cuenta de que las balas y los proyectiles rusos eran el menor de los problemas a los que se enfrentaban las tropas británicas heridas. El hospital al que Florence fue asignada era espantoso, la contaminación de un pozo negro cercano contaminaba el suministro de agua, las camas del hospital estaban manchadas de heces, no había vendas ni jabón, y las enfermedades brotaban rampantes. Los soldados morían a diestro y siniestro por causas evitables, simplemente debido a las horrendas condiciones hospitalarias.

El trabajo por hacer era titánico, pero Florence no descansó hasta reformar a fondo el hospital. No pasó mucho tiempo para que se convirtiera en administradora, además de enfermera. Coordinaba, recaudaba fondos y organizaba al personal, mientras seguía ayudando a los soldados personalmente. El tiempo que pasaba en el hospital por la noche le valió el famoso apodo de «la dama de la lámpara». Según algunas estimaciones, en los seis primeros meses desde su llegada, Florence consiguió que la tasa de mortalidad del hospital se redujera del 60 % al 2 %.

Florence utilizó sus habilidades de estadística para llevar la cuenta de sus éxitos y algunos de sus trabajos influyeron en los métodos posteriores de visualización de datos, como el gráfico circular, de uso muy extendido. Durante su estancia en el frente, Florence no era consciente de la reputación que había alcanzado en su país. Cuando regresó de la guerra, en el verano de 1856, era una heroína. Más importante que la adoración pública era el reconocimiento institucional y el apoyo que podía obtener para futuros proyectos. Empezaron a llegar subvenciones y Florence se dedicó a escribir importantes artículos, crear hospitales y dirigir programas de formación para enfermeras.

Sus escritos y reformas cambiaron la profesión para siempre y dieron lugar a reformas generalizadas en las instituciones sanitarias públicas y militares. Por desgracia, Florence enfermó de brucelosis durante su estancia en Turquía. Alrededor de los 38 años, su salud empezó a deteriorarse y fue un problema el resto de su vida. Aunque a menudo no podía salir de casa, Florence continuó con su duro trabajo, haciendo muchas contribuciones revolucionarias a la medicina, hasta que murió, el 13 de agosto de 1910.

Capítulo 9: El liderazgo durante la Segunda Guerra Mundial

Cuando se habla de la historia más reciente de Inglaterra y del Reino Unido, hay pocos nombres tan reconocidos como el de Winston Churchill. No es exagerado decir que es uno de los británicos más famosos que han existido. La carrera política de Churchill duró medio siglo, pero estuvo implicado y activo políticamente mucho más tiempo, sin ocupar siempre cargos político.

La carrera de Winston Churchill es una época histórica en sí misma y abarca algunos de los cambios más

Winston Churchill[24]

monumentales de la historia británica y mundial. Churchill lo vio todo, desde el apogeo del poder imperial británico y el dominio colonial durante las dos guerras mundiales, hasta el clímax de la Guerra Fría, cuando Gran Bretaña declinó como actor global clave. Muchos otros fueron testigos de estos acontecimientos, pero Churchill fue uno de los pocos que a menudo desempeñó un papel clave y dirigió el destino del Reino Unido y del mundo entero. Sin embargo, una carrera política tan larga y llena de acontecimientos no podía transcurrir sin controversias, y Churchill no dejó de suscitarlas. De hecho, sigue haciéndolo, décadas después de su muerte.

Soldado y político del Imperio

Winston Churchill saltó a la fama cuando Gran Bretaña ya se había asentado en su sistema parlamentario. En siglos anteriores, el verdadero poder recaía en el monarca y sus nobles, pero en la época de Churchill, hacía tiempo que se habían establecido otros poderosos cargos políticos. El poder que Churchill ejerció a través de algunos de estos cargos, especialmente como primer ministro, es muy indicativo de lo mucho que había cambiado y evolucionado la monarquía desde los viejos tiempos en la Europa medieval.

Primeros años y carrera

Es justo valorar que Winston Churchill estaba preparado para el éxito y se esperaba que hiciera grandes cosas desde el principio, aunque finalmente tomó un camino que se desviaba de lo esperado. Nació como Winston Leonard Spencer Churchill, el 30 de noviembre de 1874, en la finca de su familia en Blenheim, no lejos de Oxfordshire. Su padre, lord Randolph Churchill, descendía de una extensa línea aristocrática y política. Lord Randolph también era político, y se hizo un nombre considerable como miembro del Partido Conservador (*Tories*) durante las décadas de 1870 y 1880.

Winston era en parte descendiente de estadounidenses a través de su madre, Jennie Jerome, que procedía del equivalente más cercano de la aristocracia estadounidense, ya que su padre era un rico hombre de negocios e inversor. Churchill asistió a una escuela preparatoria llamada Harrow, pero ya en sus primeros años escolares era evidente que los estudios no eran su fuerte. Aparte de las malas notas, el comportamiento del joven Churchill tampoco era el ideal. Con escasas perspectivas de ingresar en prestigiosas universidades como Oxford o Cambridge, su padre le orientó hacia la carrera militar. Tardó tres intentos en ser admitido en el Royal Military College de Sandhurst, y su carrera en las fuerzas armadas comenzó finalmente en 1893.

A pesar de sus dificultades para ser admitido en la escuela militar, Churchill rindió sorprendentemente bien para un joven con una conocida vena de rebeldía y mal comportamiento. Al graduarse, ocupó el puesto veinte de una promoción de 130 alumnos. Cuando Churchill entró en el servicio activo como joven soldado, el Reino Unido de Gran Bretaña e Irlanda, como se conocía en el siglo XIX, estaba en el apogeo del poder imperial. Aunque Gran Bretaña estaba en paz con otras grandes potencias tras las guerras napoleónicas, nunca faltaban escaramuzas y guerras locales destinadas a la expansión colonial. Un joven militar de aquella época tenía la oportunidad de viajar por todo el mundo y era muy probable que experimentara algunos combates en algún lugar del vasto Imperio británico.

A partir de 1895, Churchill pasó un breve periodo de servicio en el Fourth Queen's Own Hussars, donde fue enviado a la frontera de la India y Sudán. Churchill participó en la batalla de Omdurman, en 1898, que le proporcionó una valiosa experiencia de combate. Churchill también trabajó como periodista durante su carrera militar, publicando reportajes de guerra para el Daily Telegraph y el Pioneer Mail. Dejó el servicio activo en 1899, después de haber ido a la guerra y escrito dos libros.

Su salida del ejército fue motivada en gran parte por un fuerte deseo de dedicarse a la política, pero en general, Churchill siguió trabajando como corresponsal de guerra, sobre todo escribiendo para el Morning Post. Trabajó en Sudáfrica durante la segunda guerra de los Bóers. Durante esta misión, Churchill tuvo su primer encuentro con la fama y la gloria, tras ser capturado por los bóers y escapar, recorriendo unas 300 millas en el proceso. Este suceso atrajo mucha atención y apareció en los titulares de todas las publicaciones británicas. *London to Ladysmith via Pretoria*, un libro que publicó en 1900, detalla esta experiencia.

Política y Primera Guerra Mundial

Churchill seguía siendo *tory* cuando entró en el parlamento británico, en 1900. Tal vez de forma inesperada para algunos, Churchill dedicó gran parte de los inicios de su carrera a las reformas sociales, especialmente en materia económica. Su compromiso con la justicia social lo llevó a separarse de los *tories* en 1904, ya que consideraba que no estaban comprometidos con esas ideas. Tras pasarse al Partido Liberal en 1904, Churchill tardó otros cuatro años en conseguir un escaño en el Parlamento. Poco después, consiguió un nombramiento en el gabinete del primer ministro, ocupando el cargo de presidente de la Junta de Comercio.

Muy impropio de su legado militarista y bélico, Churchill utilizó su nuevo cargo para oponerse a mayores inversiones en la Royal Navy. En su lugar, se centró en reformar el sistema penitenciario y contribuyó decisivamente a establecer un salario mínimo en Gran Bretaña. Otros de sus objetivos eran el seguro de desempleo y el aumento de los impuestos a los ricos. Desgraciadamente, aunque había sido aprobada previamente por la Cámara de los Comunes, la subida de impuestos, presentada al Parlamento como Presupuesto del Pueblo, no pasó de la Cámara de los Lores.

Como político, Winston Churchill no rehuía el espectáculo. En un episodio especialmente notable, a principios de 1911, intervino en un enfrentamiento entre la policía y dos ladrones armados que estaban siendo asediados por las fuerzas del orden. Según los relatos, Churchill colaboró en la toma de decisiones durante el asedio y animó a los bomberos a no intervenir cuando el edificio quedó envuelto en llamas. Más tarde, se descubrió que los sospechosos habían sido incinerados, pero no está claro hasta qué punto la orientación de Churchill influyó en la decisión de los bomberos de dejar que ardiera el edificio.

Churchill se casó con Clementine Ogilvy Hozier en 1908, encontrando en ella una compañera para toda la vida, ya que su matrimonio duró 56 años. La pareja tuvo cinco hijos a lo largo de los años, perdiendo a uno de ellos en edad muy temprana por enfermedad. El siguiente cargo importante que ocupó Churchill fue el de primer lord del almirantazgo, para el que fue nombrado en octubre de 1911. En este cargo, Churchill abogó por nuevas inversiones en la Royal Navy, en particular en sus programas de modernización. A medida que se acercaba la Primera Guerra Mundial, numerosos países empezaron a experimentar con aviones de combate y a formar gradualmente sus fuerzas

Clementine Hozier[25]

aéreas. Churchill encabezó estas iniciativas en el Reino Unido, contribuyendo a la creación del Servicio Aéreo de la Royal Navy y, de paso, realizando un curso de piloto.

Mientras Europa se sumergía en la Gran Guerra, Churchill seguía en su puesto del almirantazgo, donde experimentó el primer gran revés de su carrera. Tras la desastrosa derrota del Reino Unido y sus aliados en la campaña de Galípoli contra el Imperio otomano, Churchill se vio obligado a dimitir a finales de 1915. Sin embargo, su contribución al esfuerzo bélico no terminó ahí, ya que pronto se alistó en el ejército y fue destinado al Frente Occidental. Luego, fue reasignado y se convirtió en ministro de Municiones, donde ejerció entre 1917 y 1919, a cargo de la producción militar británica.

El periodo de entreguerras fue uno de los más controvertidos de la carrera de Churchill en lo que respecta a su legado, especialmente durante su etapa como secretario de Estado para las colonias en 1921 y 1922. En esta época, su adhesión al imperialismo pasó a primer plano y siguió siendo una característica de su política durante bastante tiempo. Durante la represión británica de una revuelta kurda en Irak, que había caído bajo control británico tras la derrota de los otomanos en la Primera Guerra Mundial, Churchill se mostró partidario de soluciones drásticas. Defendió el uso de armas químicas para sofocar la revuelta, pero esta idea no fue aceptada. Churchill también fue partidario del sionismo desde el principio, permitiendo la inmigración judía a Palestina, que estaba bajo mandato británico, antes de restringir el flujo de emigrantes, cuando las tensiones étnico-religiosas en Palestina se intensificaron.

En 1922, Churchill abandonó el Partido Liberal y regresó a los conservadores, formando parte de su gobierno durante los años siguientes. Su carrera política tocó fondo cuando los conservadores perdieron la mayoría en 1929, con lo que Churchill perdió también su escaño. Describió la década de 1920 como su época más difícil, y durante este periodo ocupó su mente en la pintura, produciendo cientos de obras. Churchill pasó gran parte de la década de 1930 al margen de la política, centrado en actividades personales, como la escritura.

El creciente movimiento independentista indio en torno a Mahatma Gandhi revitalizó el interés de Churchill por la política. Su desdén por Gandhi y sus comentarios despectivos hacia los indios en general son bien conocidos, y Churchill fue uno de los más firmes opositores a la independencia de la India. A medida que la Alemania de Hitler se preparaba para la guerra y empezaba a absorber a sus vecinos a finales de la década de 1930, se hacía cada vez más evidente que el destino quería que Winston Churchill volviera a participar activamente en política.

La Segunda Guerra Mundial y más allá

Churchill dirigió al Reino Unido durante toda la histórica Segunda Guerra Mundial, desde la importante victoria en la batalla de Inglaterra hasta la Operación Overlord y las decisivas conferencias de los Aliados en Teherán y Yalta. Por su implacable compromiso con la victoria, su comportamiento agresivo y su capacidad para enardecer al pueblo, se ganó el apodo de «*bulldog* británico», apodo al que también contribuyó su aspecto físico.

La Segunda Guerra Mundial fue una época de pruebas y dificultades indescriptibles para todo el mundo, por lo que Churchill no fue la única figura histórica que apareció como un mito tras el conflicto. Sin embargo, los tiempos difíciles no resaltan a los indecisos y a los mal preparados, y Churchill demostró su capacidad para resistir las pruebas de aquellos duros años de guerra, haciendo que su reconocimiento tras la Segunda Guerra Mundial fuera, sin duda, bien merecido.

El *bulldog* británico

Dejando a un lado la planificación estratégica y la toma de decisiones, el mayor logro de Churchill fue su capacidad para unir al pueblo e inspirar a su nación para hacer frente a un enemigo muy poderoso. Las cosas parecían sombrías en las primeras fases de la batalla de Inglaterra, pero el espíritu indomable de Churchill y su inquebrantable fe en la victoria eran contagiosos.

Durante los primeros años después de que los nazis subieron al poder en Alemania, como muchos de sus contemporáneos, Churchill se mostró un tanto complaciente y ambivalente hacia Hitler. Sin embargo, cuando el rearme masivo y el creciente militarismo de Alemania ya no podían ser ignorados, Churchill se dio cuenta de que Gran Bretaña debía prepararse. Como no tenía poder en aquel momento, Churchill solo podía criticar a los que estaban al mando, sobre todo al primer ministro, Neville Chamberlain.

Conocida en la historiografía como la política del apaciguamiento, la estrategia de Chamberlain consistía en evitar la guerra a toda costa, con la esperanza de que Alemania redujera su expansionismo si se le hacían suficientes concesiones a costa de sus vecinos más débiles. Churchill y un número creciente de críticos consideraron que este enfoque era un terrible error. Cuando Gran Bretaña declaró la guerra a Alemania tras la invasión de Polonia, a principios de septiembre de 1939, llegó de nuevo el momento de que Churchill sobresaliera. Inicialmente reasumió su cargo de primer lord del almirantazgo y, en abril de 1940, presidió el Comité Militar de Coordinación.

En ese momento, se agudizó el conflicto entre Churchill y Chamberlain, centrado en la negativa del primer ministro de seguir el consejo de Churchill e invadir preventivamente Noruega antes del avance alemán hacia el norte. Si fue o no un buen consejo es algo que se discute, pero Chamberlain siguió resistiéndose a la idea. Efectivamente, los alemanes arrasaron Noruega en abril. Chamberlain dimitió en mayo, momento en el que Jorge VI de Inglaterra puso a Churchill en su lugar y lo nombró ministro de Defensa.

Churchill se asentó con decisión y rapidez en su papel como líder del esfuerzo bélico. Su carácter asertivo y sus dotes naturales de liderazgo fueron una suerte para Gran Bretaña, porque apenas unas horas después de su nombramiento, Hitler comenzó a mover sus ejércitos hacia los Países Bajos, acercándose cada vez más al canal de la Mancha. Francia también fue invadida en poco tiempo, lo que provocó una catastrófica derrota inicial de los Aliados occidentales y la famosa evacuación de Dunkerque. Churchill demostró ser un gran gestor, reuniendo a los líderes de los principales partidos y eligiendo siempre al hombre adecuado para cada puesto en sus nombramientos.

Mientras preparaba a toda la nación para hacer frente a la amenaza inminente, Churchill hizo historia con sus dramáticos discursos ante el Parlamento durante todo el periodo previo a la batalla de Inglaterra. Un momento histórico fue el discurso que pronunció ante la Cámara de los Comunes el 13 de mayo de 1940, en el que profesó humildemente que todo lo que podía ofrecer era «sangre, trabajo, lágrimas y sudor», advirtiendo de una inminente y dura batalla, al tiempo que subrayaba la necesidad existencial de la victoria. Este discurso logró un equilibrio perfecto entre lo premonitorio y lo esperanzador, al tiempo que recordaba que el Reino Unido y el mundo se enfrentaban a «una tiranía monstruosa», cuya maldad describió como algo sin precedentes en la historia de la humanidad. Esta actitud fomentó la disposición a pasar penurias, la concentración en la victoria y el desprecio por un enemigo terrible, ingredientes esenciales para la movilización.

Tras la exitosa evacuación de las tropas británicas y aliadas de Dunkerque, el 4 de junio, Churchill pronunció otro icónico discurso ante la Cámara de los Comunes, el inolvidable «Lucharemos en las playas». Este discurso también sirvió para alentar el espíritu de lucha del pueblo ante el enorme revés militar de Francia, y Churchill aprovechó la ocasión para animar a Estados Unidos a prestar su fuerza a la causa aliada.

El monumento a la batalla de Inglaterra[26]

La batalla de Inglaterra, que duró entre el 10 de julio y el 31 de octubre de 1940, fue un punto de inflexión para el esfuerzo bélico británico y del mundo entero. Fue un enfrentamiento aéreo y naval sobre Gran Bretaña y sus alrededores, pero significó mucho en el gran esquema de las cosas. Si Hitler hubiera logrado someter completamente a Gran Bretaña, habría asegurado todo el Frente Occidental y Alemania habría podido destinar sus recursos a la horrenda guerra en el Este, que aún no había comenzado.

Al final, los británicos se impusieron y las islas interiores quedaron en gran medida aseguradas a partir de entonces, aunque Alemania continuó con bombardeos terroristas durante bastante tiempo. La ayuda estadounidense comenzó a llegar a partir de 1941 y Washington entró en la guerra ese mismo año. La URSS logró sobrevivir a la embestida alemana y estabilizó el frente justo antes del desastre total, debido en gran parte a la heroica resistencia, pero también a los envíos masivos de armas y equipos de los Aliados occidentales. De este modo, el núcleo tripartito del esfuerzo bélico aliado se consolidó y se preparó para combatir al enemigo. Tras las derrotas alemanas en Stalingrado y Kursk, Hitler no tenía nada que hacer, pero fue la masiva invasión aliada de Normandía, el 6 de junio de 1944, lo que selló el destino del Tercer *Reich.* Por desgracia, muchos más hombres tuvieron que perecer antes de la rendición final, en mayo de 1945.

Años posteriores y legado

Churchill siguió demostrando sus dotes de coordinación en la escena internacional, siendo capaz de ponerse de acuerdo y elaborar planes estratégicos con Roosevelt y con Stalin. A través de las batallas libradas y las conferencias celebradas, Churchill fue uno de los tres actores clave en la configuración del esfuerzo bélico aliado, pero también del *orden mundial de la posguerra.* Cuando la Segunda Guerra Mundial llegó a su fin, las relaciones entre el bloque occidental y los soviéticos se desmoronaron rápidamente, y el resto es historia muy reciente.

Tras la contienda y con el regreso de la paz a Europa, parecía que Gran Bretaña no necesitaba a su legendario líder de guerra, y Churchill perdió las elecciones en julio de 1945. Fue uno de los primeros políticos occidentales en anunciar oficialmente el comienzo de la Guerra Fría, cuando pronunció el icónico discurso sobre el Telón de Acero que descendía sobre Europa, en 1946. También defendió lo que algunos denominan atlantismo británico, una filosofía política que promovía la independencia de Gran Bretaña de los proyectos políticos paneuropeos y una estrecha relación con Washington. Puede decirse que esta actitud regresó de forma ampulosa en 2016, con la salida de Gran Bretaña de la UE.

Churchill regresó brevemente al gobierno como primer ministro y ministro de Defensa a principios de la década de 1950, durante la cual se centró en reformas sociales, al tiempo que tenía que hacer frente al incuestionable declive de Gran Bretaña como potencia imperial. En 1953, fue nombrado caballero por Isabel II y recibió el Premio Nobel de Literatura. Winston Churchill concluyó su azarosa vida el 24 de enero de 1965, a los noventa años de edad. Realizado en prácticamente todos los campos en los que se adentró, dejó tras de sí un legado para la posteridad. Aunque ese legado se ve lastrado en cierta medida por su implacable compromiso con el viejo imperialismo, se le recuerda principalmente como una de las personas que más ayudaron a derrotar al nazismo.

Capítulo 10: La reina Isabel II y los Beatles

A primera vista, la Reina Isabel II y los Beatles no parecen tener mucho en común. La primera es una representante mundialmente famosa de las largas tradiciones reales de Inglaterra y una ventana a un siglo de historia. Los Beatles, por su parte, fueron artistas de renombre y, en muchos sentidos, la encarnación de la contracultura en los intensos años 60.

Sin embargo, tanto la reina como el grupo musical más ilustre de Gran Bretaña desempeñaron un papel crucial para ayudar a Inglaterra a encontrar su lugar en un mundo en rápida transformación y a

La Reina Isabel II[27]

configurar una imagen global de la nación. También permitieron a Inglaterra cruzar el puente entre el pasado y el presente y posicionarse como un importante centro humanista hasta bien entrada la era postimperial.

La monarca británica que más tiempo ha reinado

A lo largo de los siglos, la función y el papel de los monarcas ingleses y británicos han evolucionado mucho. A medida que Gran Bretaña se adentraba en un sistema de monarquía parlamentaria y democracia, muchos de los antiguos poderes del monarca se vieron recortados y se convirtió en un cargo principalmente ceremonial. El largo reinado de Isabel II, que duró desde 1952 hasta 2022, ilustró que la falta de poder ejecutivo de la monarquía no significaba necesariamente una menor influencia.

En el mundo poscolonial actual, el poder blando ha demostrado ser una característica esencial en la influencia mundial, e Isabel II fue la encarnación de este principio. También demostró que Gran Bretaña había entrado en una nueva era, con una firme comprensión de esta filosofía, revelándose como una de las monarquías más adaptables y resistentes de la historia de la humanidad. A medida que el poder duro británico menguaba en la era de la descolonización y la Guerra Fría entre dos nuevas superpotencias, la omnipresencia de Isabel II en el mundo ayudó a la nación a conservar su posición como uno de los centros clave de influencia mundial.

Vida temprana, familia y matrimonio

Aunque el tiempo que Isabel II pasó en el trono abarcó la mayor parte de la Guerra Fría y las décadas posteriores, también vivió gran parte de la época anterior. La longevidad de su reinado solo es superada por su larga y agitada vida, que abarcó cuatro épocas bien distintas de la historia mundial reciente. Nacida en 1926 en Mayfair, Londres, Isabel creció en el periodo de entreguerras en un mundo muy distinto al actual. En su juventud, fue testigo de los monumentales acontecimientos de la Segunda Guerra Mundial y de los años posteriores, todo ello antes de convertirse en reina.

La reina nació como Isabel Alexandra María de la Casa Windsor, el 21 de abril, hija de Jorge VI de Inglaterra y Elizabeth Bowes-Lyon. El título con el que nació era el de princesa de York, y no había muchas probabilidades de que se convirtiera en reina. Su única hermana, menor que ella, era la princesa Margarita, pero su padre era el hijo menor de Jorge V. Eduardo VIII, tío de Isabel, heredó el trono de Jorge V en 1936 y se dispuso a establecer una línea sucesoria, pero abdicó a los 326 días de reinado, sin haber tenido herederos todavía. Así pues, el padre de Isabel asumió el trono, por lo que el destino abrió una puerta a la mayor de sus dos hijas. Jorge VI reinó hasta su muerte, el 6 de febrero de 1952, e Isabel II de Inglaterra se convirtió en la nueva monarca.

Como era habitual en la mayoría de los jóvenes miembros de la realeza, la infancia de Isabel estuvo llena de niñeras, tutores e instructores, que pasaban más tiempo con ella que sus padres. Sin embargo, esto no impidió que Isabel mantuviera una sólida relación con ellos, especialmente con su madre. Elizabeth Bowes-Lyon era una piadosa mujer cristiana que se aseguró de que su hija heredara los mismos valores. Además de la fe, la madre de Isabel también exaltaba las virtudes de la responsabilidad y el deber, enseñándole todo lo que necesitaba saber para formar parte de la familia real. Isabel y su hermana también aprendieron mucho de su abuela, reina y consorte, María.

Como joven princesa, Isabel fue instruida en las materias que la realeza debía dominar, como historia, derecho, artes, equitación y francés como segunda lengua. Fue durante esta época que Isabel se convirtió en una gran aficionada a los caballos, uno de sus rasgos más famosos. Criar y mantener caballos de carreras inmaculados se convirtió en una de sus aficiones, pero también era amante y propietaria de perros, con especial predilección por los *corgi*.

La Segunda Guerra Mundial fue otro periodo de intenso aprendizaje para Isabel, al igual que para toda la humanidad. Fue la época en la que empezó a adquirir más experiencia con sus obligaciones como miembro de la realeza. Durante la mayor parte de la Segunda Guerra Mundial, especialmente durante la batalla de Inglaterra, Isabel y su hermana fueron trasladadas al castillo de Windsor, una fortaleza casi milenaria, no muy lejos de Londres. Durante este tiempo, la princesa se familiarizó con el ejército y sus funciones, recibiendo de su padre el grado honorífico de coronel del Ejército Real. En las postrimerías de la guerra, también ocupó un puesto en el Consejo Privado y en el Consejo de Estado, responsabilidades importantes que la dejaban a cargo de ciertas funciones cuando el rey estaba preocupado por otros asuntos.

El compromiso de Isabel en 1947 con el príncipe Felipe de Grecia, duque de Edimburgo, fue otro hito importante en su vida. Algunos miembros de la familia real no estaban muy impresionados con el linaje del príncipe, lo que indica que se trataba de un matrimonio por amor. La boda real se celebró el 20 de noviembre en la abadía de Westminster, y no tardó en nacer el primer hijo y heredero de Isabel, Carlos. La pareja tuvo tres hijos más en 1964; la princesa Ana, el príncipe Andrés y el príncipe Eduardo, todos ellos miembros reconocidos de la familia real en la actualidad. Gracias a la longevidad de Isabel y Felipe, su matrimonio duró la impresionante cifra de 73 años. Felipe tenía 99 años cuando murió, en 2021.

La corona británica en una nueva era

El momento de asumir el trono llegó para Isabel en 1952, cuando su padre murió prematuramente, a los 56 años, a causa de un cáncer de pulmón. Su salud ya había estado mal antes de ese momento, por lo que Isabel había empezado a asumir más responsabilidades en 1951. Isabel II fue coronada formalmente en la abadía de Westminster el 2 de junio de 1953. En aquel momento, Winston Churchill cumplía su segundo mandato como primer ministro. La joven reina no tardó en enfrentar sus primeros grandes retos, empezando por la crisis de Suez de 1956.

La crisis de Suez supuso un importante punto de inflexión, no solo para Isabel II, sino para el Reino Unido como potencia mundial. Marcó el declive incuestionable de Gran Bretaña como gran superpotencia mundial, al hacerse evidente que el orden de la Guerra Fría sería dominado desde Washington y Moscú. La crisis supuso un duro golpe en política exterior para Londres, y la reina no estuvo exenta de críticas. Fue entonces cuando Isabel cambió de enfoque y empezó a trabajar para adaptar la imagen de Gran Bretaña y de la corona a un mundo cambiante.

Con el tiempo, Isabel se convirtió en una especie de reina del pueblo, centrándose en su imagen y asegurándose de estar presente en la vida pública, más allá de la política. Por ejemplo, fue una de las primeras en aparecer en discursos televisados, empezando por una retransmisión navideña en 1957. Dos décadas más tarde, Isabel celebró su Jubileo de Plata, o 25 años de reinado, con una extensa gira por el Commonwealth.

El príncipe Carlos y la princesa Diana²⁸

Por desgracia para la reina, su imagen y la de la familia real no siempre estuvieron únicamente en sus manos. El controvertido matrimonio disfuncional entre su hijo Carlos y lady Diana Spencer fue una fuente de incomodidad para toda la familia durante los años 80 y 90. Aunque el matrimonio se vino abajo, dio a luz a William y Harry, dos de los jóvenes de la realeza británica más famosos de la actualidad. Además, en los años 90, la familia real se vio sometida a un intenso escrutinio público por sus gastos. Isabel abordó sabiamente la controversia, pagando voluntariamente los impuestos que no tenía que pagar por ley. Aunque esto supuso una pequeña merma en su vasto patrimonio real, la decisión caló en la opinión pública. Otra estrategia para acercar la familia real al pueblo fue permitir el acceso público al palacio de Buckingham.

Uno de los episodios más controvertidos del reinado de Isabel II fue la muerte de la princesa Diana en 1997. Diana era muy querida entre el pueblo británico y más allá de sus fronteras, lo que hizo que su divorcio de Carlos fuera especialmente delicado para la familia real. Su muerte desató una tormenta de dolor e indignación a gran escala. Muchos de los admiradores de Diana consideraban que la familia real había maltratado a la princesa, por lo que Isabel tuvo que actuar con cautela tras la muerte de Diana en París. Se organizó un discurso televisado para la nación y la reina mantuvo varias reuniones personales relacionadas con Diana. Las banderas del palacio de Buckingham se izaron a media asta en señal de duelo. 2.500 millones de personas siguieron el funeral televisado y, aunque la muerte de Diana suscitó interminables debates y teorías, al final se superó el duelo.

Con setenta años, el reinado de Isabel II fue el más largo por un margen considerable, seguido del de Victoria, que duró más de 63 años. Isabel II fue también la que más tiempo vivió, falleciendo a la avanzada edad de 96 años. Decir que vivió una vida impresionante y llena de acontecimientos es quedarse muy corto. Su vida está muy bien documentada. Además de gobernar el Reino Unido, Isabel II fue también la monarca reinante de la Commonwealth, que en su apogeo comprendía 53 naciones, en su mayoría territorios que habían pertenecido antaño al vasto imperio colonial británico.

El tiempo que Isabel II ocupó el trono se caracterizó por una alta y constante popularidad entre el pueblo, a pesar de una serie de escándalos, que es más de lo que puede decirse de la mayoría de los otros integrantes de la familia real. Incluso cuando otros miembros de la realeza se vieron envueltos en escándalos que les hicieron perder popularidad, la reputación de la reina se mantuvo intacta. También fue una monarca muy proactiva, contenta de cumplir su papel ceremonial, pero sin dejar nunca de sacarle el máximo provecho a su posición. De hecho, los poderes relativamente limitados de Isabel II no fueron un obstáculo para que asumiera un papel activo en la política, tanto nacional como internacional.

La reina Isabel II falleció el 8 de septiembre de 2022. Siguió desempeñando muchas de sus funciones y se mantuvo muy activa hasta el final, tanto en el trabajo como en el ocio. Los reveses que sufrió la familia real en la década de 1990 parecían ya un recuerdo lejano, pues su popularidad había aumentado considerablemente a lo largo del siglo XXI. Isabel II falleció como una monarca popular y consumada, y fue sucedida por su hijo Carlos III, coronado el 6 de mayo de 2023.

El fenómeno cultural de los Beatles

Los Beatles no necesitan presentación, pero su historia y su influencia sin precedentes merecen un análisis profundo. Durante su apogeo, ya estaba claro que los Beatles eran algo especial, pero la perspectiva histórica actual arroja aún más luz sobre la magnitud del fenómeno. La importancia de los Beatles va mucho más allá de la fama que alcanzaron y del efecto que tuvieron en la música de su generación. Su legado es un símbolo de la influencia cultural inglesa en el mundo en un momento en que el poder político de Gran Bretaña estaba menguando.

Si la reina Isabel II demostró la capacidad de Inglaterra para preservar sus tradiciones y adaptarlas para sobrevivir en un mundo de cambios, los Beatles demostraron que Inglaterra podía seguir influyendo en el mundo de una manera profunda. Los Beatles representaron una filosofía mucho más amplia que ellos mismos y lograron todo un *zeitgeist* cultural durante el apogeo de la Guerra Fría, alcanzando un nivel de relevancia y admiración mucho mayor que el de cualquier país o nación.

Una breve historia y un legado interminable

Si la crónica de la historia y la vida de los Beatles tuviera que empezar por el principio, tendría que hacerlo durante el Blitz. John Winston Lennon nació el 9 de octubre de 1940, en Liverpool, apenas un mes después de que las bombas alemanas empezaran a llover sobre Gran Bretaña. Sin duda, tiene algo de poético que una de las personas que redefinió la cultura británica y marcó toda una época naciera durante un periodo que también dejó una enorme huella en la historia de Inglaterra.

John Lennon mostró un profundo interés por la música desde muy joven, especialmente por el *rock and roll* estadounidense, que estaba arrasando en todo el mundo en la década de 1950. Ya en 1956, cuando Lennon era apenas un adolescente, buscaba formar una banda con aspirantes a músicos afines en Liverpool. Dio sus primeros pasos formando los Blackjacks, en 1956, aproximadamente un año antes de conocer a Paul McCartney, otro entusiasta del *rock and roll*. Poco después de conocerse, empezaron a tocar juntos y, en 1957, McCartney se unió al grupo de *skiffle* de Lennon como guitarrista rítmico. Por aquel entonces, la banda era conocida como los Quarrymen.

George Harrison se unió al año siguiente, recomendado e invitado por McCartney. Así, en los meses siguientes, se fue consolidando el núcleo de lo que se convirtió luego en los Beatles. La mayoría de los amigos del colegio de Lennon que habían tocado con los Quarrymen desde el principio se fueron poco a poco, pero Lennon, McCartney y Harrison decidieron permanecer juntos y mantener la química.

La banda pasó por varios cambios y utilizó diferentes nombres, como Silver Beetles y Silver Beatles, hasta que en el verano de 1960 se decidieron por The Beatles. Este nombre simplificado e ingenioso fue idea del primer bajista de la banda, Stuart Sutcliffe, que falleció en 1962, cuando solo tenía 21 años. El cuarto miembro principal de la famosa formación, Ringo Starr, se unió a la banda poco después.

Aunque seguían siendo un grupo pequeño, conocido sobre todo en Liverpool, los Beatles recibieron un gran impulso en agosto de 1960, cuando Allan Williams les ayudó a presentarse en Alemania. Su estancia fue mucho más larga de lo previsto y sentó las bases de su fama internacional. Brian Epstein fue otro de los artífices del éxito del grupo y de su imagen. La primera vez que los Beatles actuaron en directo por televisión fue en 1962.

Los Beatles[29]

Las cosas despegaron realmente en 1963, cuando los Beatles publicaron *Please Please Me*, su LP de debut, un álbum con el que Lennon no estaba personalmente satisfecho, arremetiendo contra el concepto y las letras. Sin embargo, el público no prestó atención a la autocrítica de Lennon, y el sencillo «*Please Please Me*» encabezó las listas británicas. El ascenso de la banda a la fama fue asombrosamente rápido. Arrasaron en la prensa y el público, convirtiéndose rápidamente en un fenómeno, y los periodistas lanzaron nuevos términos como «*Beatlemanía*». Sin embargo, esto no fue más que el principio, ya que la ardiente banda sacó otros diez álbumes consecutivos que fueron número uno en el Reino Unido. Ese mismo año, cuando la influencia de los Beatles se extendió al enorme mercado estadounidense, ya no hubo quien detuviera el impulso de la banda.

Los Beatles aterrizaron en Nueva York en febrero de 1964, acosados por miles de fanáticos y la prensa. Un ejemplo de lo populares que se habían hecho en Estados Unidos fue su debut televisivo en *The Ed Sullivan Show*, que atrajo a cerca del 34 % de la población estadounidense. De la noche a la mañana, los jóvenes de Estados Unidos y de otros países querían hablar, vestirse y actuar como los Beatles. No contentos con su papel de banda de chicos, los Beatles siguieron adelante con su arte mucho después de alcanzar el éxito. El legado perdurable de su álbum experimental *Sgt. Pepper's Lonely Hearts Club Band* ejemplifica a la perfección el deseo de la banda, no solo de hacer música, sino también de darle vida.

La música era solo una parte de la historia, ya que el grupo, y en particular John Lennon, querían influir en el mundo también de otras maneras. Esta banda está asociada a tantos momentos atemporales de los 60 que sería muy difícil enumerarlos todos. Lennon nunca rehuyó decir lo que pensaba y defender una causa cuando sentía que debía hacerlo.

Durante sus giras por EE. UU., los Beatles tuvieron algunos enfrentamientos conocidos con la segregación racial, que a Lennon le resultaban especialmente chocantes. El 11 de septiembre de 1964, amenazaron con cancelar una actuación en Jacksonville, Florida, al enterarse de que el público iba a ser segregado racialmente. La demanda de los Beatles fue tan frenética, que la ciudad dio marcha atrás y atendió la petición de la banda de integrar al público.

El resto es historia. La presencia pública y la influencia de los Beatles en la segunda mitad de la década de 1960 es un momento de renombre que sigue muy fresco en la memoria de la humanidad. Los Beatles fueron adorados, controvertidos, escandalosos y hasta endiosados. Su música y sus salidas públicas cambiaron para siempre el panorama cultural del Reino Unido, Estados Unidos y gran parte del resto del mundo. Lennon fue especialmente importante en el movimiento contra la guerra de Vietnam, y su contribución al auge de la cultura *hippie* fue inmensa. Incluso actualmente, rara vez surgen movimientos y tendencias similares que no hagan referencia a John Lennon como inspiración.

No había convención social o institución que Lennon no cuestionara o a la que no se enfrentara en algún momento. En una ocasión, comentó que los Beatles eran más populares que Cristo. Sin embargo, no eran más que humanos, y la banda se disolvió en 1970 tras un periodo de fricciones y desacuerdos personales, sobre todo entre Lennon y McCartney. Los principales miembros de la banda continuaron sus carreras musicales mucho después de la disolución de los Beatles, y McCartney y Ringo siguen en activo hasta el día de hoy. Lennon tuvo un trágico final, el 8 de diciembre de 1980, a manos de un fanático descontento llamado Mark David Chapman. Su asesinato no hizo sino confirmar la inmortalidad de la obra de Lennon, dejando tras de sí un legado que sobrevivirá a los siglos.

Conclusión

Las figuras históricas resumidas en este libro son solo una fracción de todas las personalidades esenciales que han escrito las páginas de la historia inglesa y británica, pero tienen un papel narrativo especial. Personifican todos los pasos e hitos cruciales que una nación atraviesa en su camino de consolidación y desarrollo. Por muy diferentes que fueran ellos y sus roles, y a pesar de que sus vidas sucedieron en un lapso de casi mil años, todos están conectados fundamentalmente.

Los monarcas medievales sentaron las bases del Estado inglés. Los líderes religiosos dieron forma a la espiritualidad de la monarquía y a sus formas de culto. Los artistas definieron su cultura y creatividad. Los científicos e inventores introdujeron tecnologías y transformaron la economía. Los filósofos guiaron el desarrollo moral y las escuelas de pensamiento político. Todas estas personas y sus actividades fueron parte esencial de un gran todo que define la identidad inglesa y la convierte en lo que es hoy en día.

Si se borrara de la historia a uno solo de estos personajes, Inglaterra sería una nación muy diferente. La propia Inglaterra es el legado colectivo de los grandes íconos que conforman su historia. Por eso, estas grandes personalidades, líderes y pioneros, están íntimamente ligados a la Inglaterra contemporánea mediante un hilo inquebrantable de continuidad.

Ese mismo hilo seguirá tejiendo su camino durante los siglos venideros, y por eso es esencial tener presente la historia. Solo aprendiendo de los triunfos y fracasos de la historia, la generación actual podrá cumplir su propósito de puente entre el pasado y el futuro. La herencia de experiencias y conocimientos entre generaciones es el rasgo humano que hace posibles los avances de la civilización. Inglaterra y el resto del mundo seguirán desarrollándose y cambiando con el paso del tiempo. Mantener intacto el hilo de la historia garantiza que esta evolución avance lo más suavemente posible, informada por las lecciones y los errores del pasado.

Mira otro libro de la serie

Referencias

Bellis, M. (2017, March 6). What Do You Know about the Guy Who Invented the Steam Locomotive Engine? ThoughtCo. https://www.thoughtco.com/history-of-the-railroad-1992457

Bellis, M. (2020, April 27). Biography of James Watt, Inventor of the Modern Steam Engine. ThoughtCo. https://www.thoughtco.com/james-watt-inventor-of-the-modern-steam-engine-1992685

Biography.com Editors. (2021, January 22). Winston Churchill – Quotes, Paintings & Death. Biography. https://www.biography.com/political-figures/winston-churchill

Cartwright, M. (2019a, January 30). William the Conqueror. World History Encyclopedia. https://www.worldhistory.org/William_the_Conqueror/

Cartwright, M. (2019b, December 10). Henry II of England. World History Encyclopedia. https://www.worldhistory.org/Henry_II_of_England/

Cartwright, M. (2020, May 26). Elizabeth I of England. World History Encyclopedia. https://www.worldhistory.org/Elizabeth_I_of_England/

Cartwright, M. (2020a, March 10). Thomas Becket. World History Encyclopedia. https://www.worldhistory.org/Thomas_Becket/

Cartwright, M. (2020b, April 9). Henry VIII of England. World History Encyclopedia. https://www.worldhistory.org/Henry_VIII_of_England/

Cartwright, M. (2023, November 21). John Locke. World History Encyclopedia. https://www.worldhistory.org/John_Locke/

Cartwright, M. (2023a, September 19). Isaac Newton. World History Encyclopedia. https://www.worldhistory.org/Isaac_Newton/

Cartwright, M. (2023b, September 21). Robert Hooke. World History Encyclopedia. https://www.worldhistory.org/Robert_Hooke/

Cartwright, M. (2023c, November 8). Scientific Revolution. World History Encyclopedia. https://www.worldhistory.org/Scientific_Revolution/

Christopher Marlowe – Plays, Works & Doctor Faustus. (2020, July 28). Biography. https://www.biography.com/authors-writers/christopher-marlowe

Editors. (2016, July 8). Elizabeth I and the Build-up to the Spanish Armada 1588 | Royal Museums Greenwich. Www.rmg.co.uk. https://www.rmg.co.uk/stories/blog/curatorial/elizabeth-i-build-spanish-armada-1588

History.com Editors. (2009, November 9). Florence Nightingale. History.com; A&E Television Networks. https://www.history.com/topics/womens-history/florence-nightingale-1

History.com Editors. (2009, November 9). John Locke. HISTORY. https://www.history.com/topics/european-history/john-locke

History.com Editors. (2019, June 7). William Shakespeare – Plays, Biography & Poems. History.com. https://www.history.com/topics/european-history/william-shakespeare

History.com Editors. (2019, June 7). Winston Churchill. HISTORY. https://www.history.com/topics/european-history/winston-churchill

History.com Editors. (2023, April 25). Queen Elizabeth II – Childhood, Coronation, Death. HISTORY. https://www.history.com/topics/european-history/queen-elizabeth#a-modern-monarchy

Johnson Lewis, J. (2019, July 21). Biography of Florence Nightingale, Nursing Pioneer. ThoughtCo. https://www.thoughtco.com/about-florence-nightingale-3529854

McNamara, R. (2019, June 18). Biography of Charles Dickens, English Novelist. ThoughtCo. https://www.thoughtco.com/biography-of-charles-dickens-1773689

Pettinger, T. (2012, January 12). William Wilberforce Biography. Biography Online. https://www.biographyonline.net/politicians/uk/william-wilberforce.html

Research, C. E. (2022, October 4). Queen Elizabeth II Fast Facts. CNN. https://edition.cnn.com/2012/12/17/world/europe/queen-elizabeth-ii---fast-facts/index.html

Fuentes de imágenes

[1] https://commons.wikimedia.org/wiki/File:Siege-alesia-vercingetorix-jules-cesar.jpg

[2] https://commons.wikimedia.org/wiki/File:King_William_I_(%27The_Conqueror%27)_from_NPG.jpg

[3] https://commons.wikimedia.org/wiki/File:Henry_II_of_England.png

[4] https://commons.wikimedia.org/wiki/File:Enrique_VIII_de_Inglaterra,_por_Hans_Holbein_el_Joven.jpg

[5] https://commons.wikimedia.org/wiki/File:Catherine_of_Aragon_(1485-1536).jpg

[6] https://commons.wikimedia.org/wiki/File:Elizabeth1England.jpg

[7] https://commons.wikimedia.org/wiki/File:Sir_Francis_Walsingham_by_John_De_Critz_the_Elder.jpg

[8] https://commons.wikimedia.org/wiki/File:Gheeraerts_Francis_Drake_1591_(cropped).jpg

[9] https://commons.wikimedia.org/wiki/File:Marlowe-Portrait-1585.jpg

[10] https://commons.wikimedia.org/wiki/File:Shakespeare.jpg

[11] *Véase la página del autor, CC BY 4.0* https://creativecommons.org/licenses/by/4.0, *vía* **Wikimedia Commons.** https://commons.wikimedia.org/wiki/File:The_Devil_and_Dr._Faustus_meet._Wellcome_L0031469.jpg

[12] https://commons.wikimedia.org/wiki/File:Galileo.arp.300pix.jpg

[13] https://commons.wikimedia.org/wiki/File:GodfreyKneller-IsaacNewton-1689.jpg

[14] https://commons.wikimedia.org/wiki/File:Portrait_of_a_Mathematician_1680c.jpg

[15] https://commons.wikimedia.org/wiki/File:Salon_de_Madame_Geoffrin.jpg

[16] https://commons.wikimedia.org/wiki/File:JohnLocke.png

[17] https://commons.wikimedia.org/wiki/File:William_wilberforce.jpg

[18] https://commons.wikimedia.org/wiki/File:William_Bell_Scott_-_Iron_and_Coal.jpg

[19] https://commons.wikimedia.org/wiki/File:James_Watt_by_Henry_Howard.jpg

[20] https://commons.wikimedia.org/wiki/File:GeorgeStephenson.PNG

[21] https://commons.wikimedia.org/wiki/File:Queen_Victoria_-_Winterhalter_1859.jpg

[22] https://commons.wikimedia.org/wiki/File:Dickens_Gurney_head.jpg

[23] https://commons.wikimedia.org/wiki/File:Florence_Nightingale_CDV_by_H_Lenthall.jpg

[24] https://commons.wikimedia.org/wiki/File:Sir_Winston_S_Churchill.jpg

[25] https://commons.wikimedia.org/wiki/File:Clementine_Churchill_1915.jpg

[26] *Luke McKernan, CC BY-SA 2.0* https://creativecommons.org/licenses/by-sa/2.0, *vía Wikimedia Commons.* https://commons.wikimedia.org/wiki/File:Battle_of_Britain_(321.53121.512).jpg

[27] https://commons.wikimedia.org/wiki/File:Queen_Elizabeth_II_official_portrait_for_1959_tour_(retouched)_(cropped)_(3-to-4_aspect_ratio).jpg

[28] https://commons.wikimedia.org/wiki/File:Charles_and_Diana_1985.JPG

[29] https://commons.wikimedia.org/wiki/File:Beatles_ad_1965_just_the_beatles_crop.jpg